증보개정판
플라이 낚시

증보개정판

플라이 플

문강순 · 신준식

문현 출판

머리말

플라이 낚시는 가장 친환경적이고 친자연적인 낚시이다. 각종 떡밥이나 지렁이 등을 사용하지 않기 때문에 환경오염을 유발시키지 않고 미늘이 없거나 제거한 바늘을 사용하고 낚은 물고기는 놓아주기 때문에 자연 친화적이라 할 수 있다(Catch & Release). 모든 민물 어종을 낚을 수 있다. 흔히 "플라이 낚시는 스포츠다."라고 이야기한다. 맑은 물이 흐르는 계곡이나 시냇물, 강을 누비며 물고기를 찾아 낚싯대를 흔들어 라인을 날리며 낚시를 하기 때문일 것이다.

현재 우리나라에도 상당수의 플라이 낚시인들이 있는 것으로 추정되고 있으며 앞으로 더 많은 플라이 낚시인들이 탄생할 것으로 기대된다. 이 책은 플라이 낚시에 처음 입문하는 분들에게 장비와 캐스팅의 기초를 쉽게 이해할 수 있도록 많은 사진과 그림을 삽입하였다. 제1편은 장비에 대한 설명, 제2편 캐스팅의 기초, 제3편 플라이 타잉, 제4편 실전편, 부록 순으로 설명하였다. 그리고 부록 중에 낚시터 안내는 포인트 진입을 자세히 설명하였다.

이 책은 필자가 플라이 낚시를 시작한 이래 끊임없는 캐스팅 연습과 실전에서 느끼고, 실수하고, 바로잡고, 많은 수의 낚싯대와 라인을 교차 비교 시험하면서 어떤 낚싯대가 좋은 것이고, 라인과의 관계는 어떤 특성이 있는지, 캐스팅하는 사람에 따라 어떤 낚싯대가 맞는지, 라인은 어떻게 되어 있고 어떤 라인이 좋은 것인지 등 많은 것을 비교 시험하면서 기록한 캐스팅 일기를 기초로 하였습니다.

이 책은 필자와 신준식 선생이 자료를 수집하고 2년 3개월 동안 함께 강과 계곡을 찾아다니며 사진을 촬영하고 상의하여 만든 공동 저작입니다. 그런데 애석하게도 책의 교정작업이 끝나갈 무렵 신준식 선생이 불의의 교통사고를 당해 타계하고 말았습니다.

그는 대학에서 미술을 전공하고 화가로 활동하면서 플라이 샵을 운영하고 있었기에 필자와 오랫동안 친분을 맺어 왔습니다. 이 책은 그의 노력이 없었다면 결코 나올 수 없었을 것입니다.

끝으로 이 책이 플라이 낚시에 입문하고자 하는 낚시인들에게 플라이 낚시를 체계적으로 익히는 데 많은 도움이 되기를 바랄 뿐입니다.

2018. 9.
문 강 순 排

메일주소. ksmoon42@naver.com

차례

CONTENTS

제1편 플라이 낚시 장비

제1장 플라이 낚시 장비
제2장 부수적인 장비들

제1장 플라이 낚시 장비

플라이 낚시(Fly fishing)의 기본 장비로는 낚싯대, 릴, 플라이 라인, 리더 라인, 티펫 라인, 백킹 라인, 각종 플라이 훅(hook) 등이 있다. 이 밖에 부수적인 장비로는 웨이더, 계류화, 조끼, 모자, 선글라스, 뜰채 등이 있다.

우선 낚싯대, 릴, 라인(4종), 어종에 맞는 각종 플라이를 갖추면 낚시를 시작할 수 있고, 기타 장비들은 낚시 기술을 익혀가면서 점차적으로 갖추어도 늦지 않다.

1. 낚싯대(Fly ROD)

플라이 낚싯대는 플라이 라인을 날려 플라이 훅을 목표 지점에 던지는 역할과 라인의 콘트롤, 고기가 걸렸을 때 물고기의 바늘털이 등의 행동으로 인해 라인에 가해지는 충격을 흡수하여 안전하게 물고기를 끌어 올리는 역할을 한다.

가늘고 유연한 짧은 낚싯대에서부터 굵고 강한 긴 낚싯대까지 여러 단계의 낚싯대가 있으며 어종과 환경에 따라 적절한 낚싯대를 선정하여 사용하면 된다.

1-1 재질

그래파이트(Graphite)가 가장 많이 사용되며 그 외 보론(boron), 대나무도 사용된다. 일부 애호가들은 아직도 글라스화이버(glass fiher)를 선호하기도 한다.

그래파이트는 가볍고 탄성이 좋으며 제조 시 탄성과 유연성(Flexbility)을 넓은 범위로 조정할 수 있어서 편리하고, 가격도 비교적 저렴한 편이다. 보론(boron)은 우수한 재질이지만 다소 고가이다. 대나무는 그래파이트나 보론이 흉내 낼 수 없는 대나무 특유의 특성을 지니고 있어서 이 특성을 좋아하는 낚시인들에게 사랑을 받고 있다.

1-2 낚싯대의 기본 종류

기본은 1번 낚싯대부터 15번 낚싯대까지 있으며, 그 외 투핸드 대와 특수한 용도로 만들어진 낚싯대들도 있다.

플라이 더하기

낚싯대의 번호

낚싯대는 번호가 없고, 다만 라인 번호만 표시되어 있다. 몇번 라인에 적합한 낚싯대라는 뜻이다. 이것을 일반적으로 쉽게 몇번대라고 부르고 통용하는 것일 뿐이다.

1번대	1번 플라이 라인(Fly Line)과 7X 정도의 가는 리더 라인(Leader Line)을 사용하여, 피라미, 갈겨니 등의 작은 물고기를 낚을 때 사용하며 비교적 짧고 가늘고 유연한 낚싯대이다. 길이 : 6~7피트 6인치 정도
2번대	1번대와 대동소이하나 2번 플라이 라인과 7X나 6X 리더 라인을 사용. 피라미나 이보다 조금 더 큰 물고기를 낚는 것도 가능하다. 길이 : 7'~8' 정도
3번대	3번 플라이 라인과 6X나 5X 리더 라인을 사용하여 계곡의 계류서 정교한 캐스팅을 할 때 적합하며 산천어, 30cm 정도의 열목어 등을 낚을 때 유용하게 사용할 수 있다. 길이 : 6~7피트 6인치 정도
4번대	4번 플라이 라인과 어종에 따라 적절한 굵기의 리더 라인을 사용하여 계곡이나 시냇물, 강에서 사용할 수 있어 전천후 낚싯대라고도 불린다. 산천어, 비교적 큰 열목어, 끄리, 강준치, 눈볼개 등을 낚을 수 있다. 길이 : 8'~9' 정도(최근에는 10'도 나오고 있음.)
5번대	4번대와 대동소이. 5번 플라이 라인 사용, 4번대를 가진 사람들은 보통 5번대를 제외하고 6번대를 장만하는 경우가 많다. 길이 : 8'~9' 정도
6번대	큰 시냇물이나 강, 저수지 등에서 가장 널리 사용되는 낚싯대로 처음 시작하시는 분들이 많이 갖추는 낚싯대이다. 처음 캐스팅 연습하는 데 유용한 낚싯대라고 할 수 있다. 6번 플라이 라인과 4X나 3X 리더 라인을 사용, 송어, 끄리, 눈볼개, 강준치 등을 낚을 때 사용한다. 길이 : 9'가 주종이나 더 긴 것도 있다.
7번대	7번 플라이 라인과 3X 리더 라인을 사용, 강이나 저수지 등에서 대형 물고기를 낚을 때 사용한다. 또 더 먼 거리의 캐스팅이 요구될 때나 더 크고 무거운 플라이를 던지기 위해서 사용하기도 한다. 길이 : 9'~10'
8번대	8번 플라이 라인과 3X나 2X의 리더 라인을 사용, 연어, 가물치, 배스 등 대형 어종을 낚을 때 사용한다. 길이 : 9'~11'
9번 이상	라인 번호와 맞추어 사용하며 초대형 어종과 환경에 따라 선정하여 사용하면 좋으며 바다낚시 등에도 사용된다.

플라이 더하기

낚싯대 보관하기

수건으로 닦고 말린 후 케이스에 보관할 때에는 케이스 내부에 물기가 없는지 확인한 다음 보관해야 한다. 낚싯대와 낚싯대집 케이스가 말라 있는지의 문제는 상당히 중요하다. 장비는 직사광선을 피하고 서늘한 곳에 보관하는 것이 좋다.

이 정도가 민물에서 사용하는 낚싯대들이라고 할 수 있다. 물론 더 높은 번호의 낚싯대도 민물에서 사용하지 말라는 법은 없다. 낚으려는 어종의 크기에 걸맞게 라인과 낚싯대를 선정해서 사용하면 된다.

플라이 더하기

0번 낚싯대

드물지만 어떤 회사는 0번 낚싯대를 만들기도 한다.

이상 낚싯대에 대해서 기본적인 것들을 설명하였으나 반드시 이렇게 해야 한다는 것은 아니며 낚시인의 경험에 따라 융통성 있게 운용할 수 있다.

1-3 낚싯대의 특성

같은 번호의 낚싯대라도 유연성에 따라 Fast, Medium, Slow의 3가지로 구분되며 휨 새의 특성은 다음 그림과 같다.

플라이 더하기
플라이 낚싯대의 이상적인 휨 새
액션에 관계없이 하중의 증가에 따라 팁에서 손잡이 부근의 굵은 부분까지 곡률 반경이 점점 커지면서 서서히 휘어져 가는 휨.

플라이 더하기
초보자가 사용하기에 편리한 낚싯대
미디엄 액션의 이상적인 휨 새를 갖는 낚싯대. 길이 8~9.5피트의 5번이나 6번

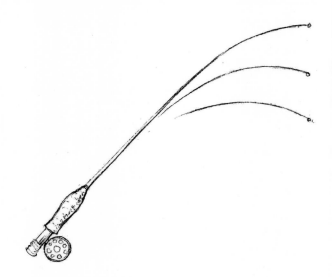

플라이 더하기
자신에 맞는 낚싯대의 선택
기본적인 캐스팅을 마스터한 단계에서 자신의 반사 능력과 테크닉에 알맞은 액션에 대해 주변의 전문가에게 조언을 구하고 스피드가 빠르면 페스트 액션 낚싯대를, 부드럽고 유연하고 여유로운 동작이면 정도에 따라 미디엄 또는 슬로우 로드를 택하면 된다.

1. Fast : 빳빳한 낚싯대이며 캐스팅 시 힘이 좋고 가속도가 빠른 사람들에게 적합하며 거리도 많이 낼 수 있다.

2. Medium : fast 낚싯대보다 약간 유연한 것으로 캐스팅 가속도가 중간인 사람들에게 적합한 낚싯대이다.

3. Slow : 가장 유연한 낚싯대로 낚싯대의 손잡이 가까운 부분까지 쉽게 휠 수 있다. 캐스팅 속도가 다소 느리고, 유연한 캐스팅을 하는 사람에게 적합한 낚싯대라고 할 수 있다.

각자의 캐스팅 속도와 스타일에 맞는 것을 선택하는 것이 중요하다.

낚싯대의 특성 중 가장 중요한 것은 캐스팅할 때에 낚싯대가 적절히 휘면서 움직이다가(에너지의 축적) 멈추었을 때에 휘어졌던 부분이 잘 펴지면서 플라이 라인을 더 가속적으로 끌어주고, 낚싯대는 캐스팅할 때에 라인을 끌면서 적절히 휘었다, 펴졌다(loading, unloading) 할 수 있어야 한다. 자신의 힘에 비해 너무 뻣뻣한 것은 좋지 않다.

플라이 더하기

투핸드 낚싯대(2 Hand Rod)

두 손으로 낚싯대를 잡고 먼 거리에 캐스팅할 수 있는 낚싯대. 라인은 투핸드 용이 별도로 있으며 강, 댐 등에서 대형 어종을 낚을 때 사용한다.

1-4 낚싯대의 구조

그림과 같이 릴 시트(Real seat), 손잡이, 라인 가이드가 붙은 대로 구성되어 있다. 라인 가이드는 플라이 라인과의 마찰이 적고 마모가 적은 재질 만들어져 있다.

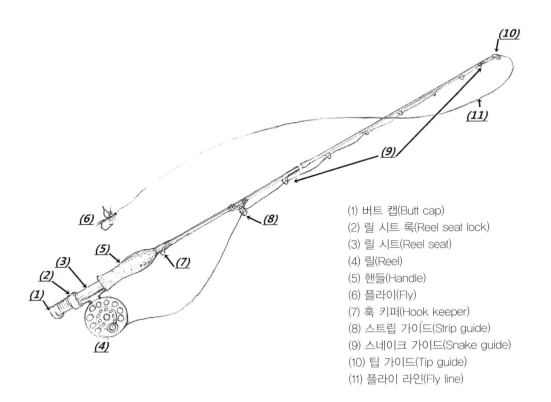

(1) 버트 캡(Butt cap)
(2) 릴 시트 록(Reel seat lock)
(3) 릴 시트(Reel seat)
(4) 릴(Reel)
(5) 핸들(Handle)
(6) 플라이(Fly)
(7) 훅 키퍼(Hook keeper)
(8) 스트립 가이드(Strip guide)
(9) 스네이크 가이드(Snake guide)
(10) 팁 가이드(Tip guide)
(11) 플라이 라인(Fly line)

1-5 낚싯대의 길이와 절수

재질과 제조기술의 발달로 과거보다 낚싯대의 길이가 길어지고 절수도 많아졌다. 과거에는 가장 긴 낚싯대가 8피트 정도였으나 지금은 9피트 이상의 낚싯대도있으며 절수도 과거 2절이 대부분이었으나 지금은 3절, 4절이 많으며, 5절, 6절의 대도 나와 있다. 길이가 길면 캐스팅 거리를 내기에 유리하고 절수가 많으면 휴대하기에 편리하다.

6번 낚싯대

입문시 낚싯대의 선택

* 유연성

입문하는 분들이 처음 들고 오는 낚싯대를 보면 너무 뻣뻣하여 나무 막대기 같이 느끼는 경우가 가끔 있다. 결국은 새로 낚싯대를 장만해야 하는 결과를 가져온다. 캐스팅에 대한 이해 부족에서 오는 것이라 생각된다. 낚싯대는 휘청거려야 캐스팅이 된다. 휘었다 펴졌다 하면서 라인을 날리는 것이기 때문이다. 낚싯대의 유연성은 Medium이나 Slow를 택할 것을 추천한다. 낚시 선배나 플라이 샵에 가서 상의하는 것도 좋은 방법이다. 낚싯대의 유연성은 메이커마다 차이가 큰 점도 고려해서 선택해야 한다.

* 5번 라인이나 6번 라인을 사용 할 수 있는 낚싯대(낚싯대에는 번호가 없다.)를 마련하는 것을 추천한다. 처음 캐스팅 연습에 도움이 되기 때문이다. 낚싯대에 보면 사용할 수 있는 라인 번호가 표시되어 있다. 4절 정도가 휨이나 휴대성이 좋다.

2. 플라이 라인(Fly Line)

플라이 라인은 낚싯대의 캐스팅 동작에 의해 앞뒤로 던지어져 펼칠 수 있게 적절한 무게를 가진 비교적 굵게 만들어진 줄이다. 길이는 대개 90피트 정도가 일반적이며 물에 뜨는 플로우팅 라인(Floating Line)과 물에 가라앉는 싱킹 라인(Sinking Line)으로 구별되며 낚싯대에 맞게 1~15번 라인 등이 있다.

또 특성에 따라 앞쪽에 무게를 많이 둔 WF(Weight For-woard) 라인, 양 끝 부분을 제외하고 굵기와 무게를 균일하게 만든 DT(Double Taper) 라인 등이 있다. 코일링(Coiling: 감긴 형태의 모양)이 적고 가이드와 마찰이 적게 만들어진 것이 좋은 라인이라 할 수 있다.

2-1 재질

합성섬유가 주종을 이루며, 표면은 마찰이 적은 수지로 코팅되어 있다. 명주실(Silk)을 가공하여 만들기도 한다. 합성섬유가 없던 시절에는 명주실로 만든 것이 많이 사용되었고 현재도 실크 라인을 사용하는 사람들이 있다. 실크 라인은 낚시후 손질을 잘해서 보관하여야 한다.

2-2 종류

· 플로우팅 라인 : 라인에 기포를 형성시켜 물에 뜨게 만든 라인으로 낚시할 때에 기본적으로 이 라인을 사용한다.
· 인터미디어트 라인 : 가라앉는 속도가 싱킹 라인보다 느리며 중간층을 공략할 때에 사용한다.
· 싱킹 라인 : 물에 가라앉도록 무겁게 만든 라인으로 깊은 수심층을 공략할 때 사용한다. 물에 잠겼을 때는 라인 회수가 어렵다.
· 싱킹팁 라인 : 라인의 앞부분 2~3m 정도만 물에 가라앉게 만든 라인으로 싱킹 라인에 비해 라인 회수가 쉽다.

2-3 무게 배분에 따른 분류

· WF(웨이트포워드 라인) : 라인의 앞부분에 무게를 많이 둔 라인으로 낚시할 때 일반적으로 가장 많이 사용한다. 라인 앞쪽에 무게를 많이 두어 캐스팅이 편리하게 되어 있다.
· DT(더블테이프 라인) : 양 끝부분의 테이퍼 진 부분을 제외하고는 굵기와 무게를 균일하게 만든 라인으로 캐스팅을 할 때에 루프가 예쁘게 만들어지며 주로 계류에서 정교한 프리젠테이션을 할 때에 사용된다.
잦은 사용으로 앞부분이 손상되었을 때에는 앞뒤를 바꾸어 감아서 사용할 수도 있다. 롤 캐스팅(Roll Casting)이 잘 되기도 한다.

이외에도 거리를 더 낼 수 있게 만든 로켓테이퍼(Rocket-Taper) 라인, 바람에 강한 버그 테이퍼(Bug Taper) 라인 등이 있다.

WF 라인으로 DT 라인의 특성을 낼 수 있도록 라인 헤드의 길이를 AFTMA가 정한 표준(약 9m)보다 길게(약 14m) 만들어 정교한 프리젠테이션이 되게 만든 라인도 있고 라인 헤드 길이를 AFTMA 표준보다 약간 짧게 하고 라인 헤드 무게를 AFTMA 표준보다 무겁게 하여 거리내기에 역점을 둔 라인도 있다.

2-4 굵기와 무게에 따른 종류(AFTMA Fly Line Standard)

번호	무게	오차범위	번호	무게	오차 범위
1	60	54~66	7	185	177~193
2	80	74~86	8	210	202~218
3	100	94~106	9	240	230~250
4	120	114~126	10	280	270~290
5	140	134~146	11	330	318~342
6	160	152~168	12	380	368~392

* 무게는 라인의 처음(리더 라인 연결쪽) 30피트까지의 무게임.
* 무게의 단위는 그레인(Grain)임. 1그레인=0.64799g
* 12번 이후의 라인은 한 번호 높아질 때마다 50그레인씩 증가
* AFTMA : American Fishing Tackle Manufaturers Assosiation

무게가 무거우면 착수가 요란하고 너무 가벼우면 캐스팅이 잘 안될 수 있다. 따라서 낚싯대와 라인은 알맞게 조합되어야 하며 낚싯대에 표시된 라인을 사용하는 것이 바람직하다.

2-5 플라이 라인의 구조

WF 라인

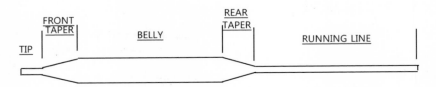

Tip	Front Taper	Belly	Rear Tape	Running Line	Total
0.5ft/0.15m	6ft/1.8m	6ft/1.8m	6ft/1.8m	330	318~342

* oo메이커의WF6번 라인의 예

DT 라인

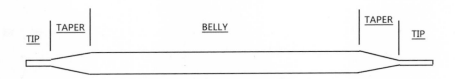

Tip	Front Taper	Belly	Rear Tape	Running Line	Total
0.5ft/0.15m	4.5ft/1.4m	76ft/23.2m	4.5ft/1.4m	0.5ft/0.15m	85ft/26m

* oo메이커의 DT3번 라인의 예

2-6 플라이 라인의 표시 예

WF-6-F   웨이트 포워드 6번 플로팅 라인

WF-6-S   웨이트 포워드 6번 싱킹 라인

DT-3-F   더블테이프 3번 플로팅 라인

가운데 숫자는 라인번호로 1번부터 15번까지 있다.

2-7 플라이 라인의 관리

낚시 후에는 클리너로 깨끗이 세정하고 그늘에서 잘 말려 드레싱 오일을 발라두는 것이 좋다. 릴에 감을 때는 너무 팽팽하게 감지않는 것이 좋다. 감는 직경이 큰 쪽이 코일링(Coiling)을 줄이는데 다소 유리하며, 무리하게 힘을 가하여 당기는 일은 라인에 손상을 줄 수 있으므로 주의해야 한다.

3. 리더 라인(Leader Line)과 티펫 라인(Tippet Line)

리더 라인과 티펫 라인은 동일한 번호의 라인을 이어서 사용할 필요는 없으며 티펫 라인을 가는 것을 이어 사용하는 경우가 많다. 리더 라인의 굵은 부분은 플라이 라인에 연결하는 부분이고 점점 가늘어져서 티펫 라인을 연결하게 되어 있다. 적당한 길이(40~50cm)의 티펫 라인을 이어 사용하면 된다.

리더 라인의 길이는 9피트, 12피트, 15피트 등이 있다. 길수록 캐스팅은 어려우므로 초보자는 짧은 것을 사용하는 게 좋다. 굵기와 장력에 따라 다음과 같은 종류들이 있다. 그리고 플라이(훅)의 크기와도 맞는 것이 좋다. 재질은 나일론이 많이 사용되고 있다.

Spec.	7X	6X	5X	4X	3X	2X	1X	0X
장력	2 lb	3 lb	4 lb	5 lb	6 lb	7 lb	9 lb	10 lb
팁직경	.004"	.005"	.006"	.007"	.008"	.009"	.01"	.011"

* 장력은 시험 장력을 말하며 실제 장력은 그 이상이라고 보면 된다.
* 상기이외에도 8X, X1, X2, X3, X4 등이 있다.

플라이 더하기

티펫 라인의 교체

낚시를 시작할 때 티펫 라인의 손상 여부를 확인하여 표면이 매끄럽지 못 하거나 뿌옇게 보일 때는 새것으로 교체해야 한다.
낚시 중에도 티펫 라인은 꼬이거나 매듭이 생기기도 하여 손상을 입기 쉽다. 낚시 중 간간히 확인하여 표면이 매끄럽지 않거나 뿌옇게 보일 때는 새것으로 갈아 주는 것이 좋다.

플라이 더하기

플라이 라인의 수명

• 백킹 라인 : 여러 해 사용 가능
• 플라이 라인 : 보통 2년 3년 지나면 교환
• 리더 라인 : 시즌당 수회 또는 그 이상
• 티펫 라인 : 하루에도 여러 번 교환 하는 수도 있다.
엉켰거나, 매듭이 생겼을 경우, 꼬여 있거나 상처를 입었을 경우 등 적어도 낚시하러 가기 전 확인하여 새 것으로 교환하는 것이 좋다.

플라이 더하기

리더 라인, 티펫 라인의 보관

릴에 감지만 티펫 부분 약 10cm 정도는 릴에서 내어 둔다. 다음에 찾기 쉽고 라인 틈 속으로 파고 들어가는 현상을 방지 할 수 있다. 티펫의 선단을 스풀에 나 있는 구멍에 넣어 두면 엉키지도 않고 찾기도 쉽다.

티펫 라인과 훅 크기를 정하는 식
훅번호/4 + 1(개략적인 것임)

7X	18~28번 훅	3X	10~14번 훅
6X	16~24번 훅	2X	6~10번 훅
5X	14~22번 훅	1X	4~8번 훅
4X	12~16번 훅	0X	1/0~4번 훅

리더 라인   티켓 라인

※ 싱킹 리더 라인 : 물에 가라앉게 만든 리더 라인으로 가라앉는 속도에 따라 패스트 싱킹, 미디엄 싱킹, 슬로우 싱킹 등 3종류가 있다. 좀 더 깊은 수심층을 공략할 때에 사용하면 좋다.

4. 백킹 라인(Backing Line)

백킹 라인은 대형 물고기가 걸려 차고 나아갈 때에 더 풀어 줄 수 있는 여유의 라인을 말한다. 우리나라의 민물 어종으로 보아 장력 20lb 정도의 라인이면 적당하다고 생각한다. 길이는 20~30m 정도면 충분할 것이다.

백킹 라인

플라이 더하기

릴에 라인을 감는 순서

백킹 라인을 제일 먼저 감고 다음 플라이 라인, 리더 라인, 티펫 라인의 순으로 감으면 된다.

5. 릴(Reel)

릴은 가벼운 알루미늄 합금을 많이 사용하며 제조방법은 주조(Die Casting)에 의한 것과 기계 가공(Machine Cut)에 의해 만들어진 것이 많다. 또 플라스틱 사출에 의해 만들어진 것도 있다. 릴의 역할은 라인을 감아놓는 것이 주이나 라인이 풀려나갈 때 라인의 텐션을 조정하도록 되어 있고 종류도 다양하고 가격도 저가에서부터 고가의 것까지 매우 다양한다.

가능하면 라인이 감기는 부분의 직경에 다소 큰 쪽이 코일링을 덜 생기게 하는데 도움이 된다(백킹 라인을 적당량 감아주어도 됨). 릴의 크기는 라인 번호에 따라 선택하면 된다.

플라이 더하기

릴의 보관

릴 시트로부터 분리하여 수건 등으로 잘 닦아서 말려둔다. 바다에서 낚시한 경우에는 라인을 수돗물로 잘 씻어 염분을 제거하는 것이 중요하다. 수분을 제거하고 충분히 말려 통기성이 좋은 케이스에 보관하는 것이 좋다.

플라이 더하기

리트리버(Retrive)

저수지 등 흐름이 없거나 느린 곳에서 낚시할 때나 어종과 환경에 따라서 라인을 조금씩 끌어서 플라이에 움직임을 주기 위한 행동을 말한다.

릴(Reel)

6. 낚시 바늘(훅 : Hook)

낚시 바늘은 종류가 매우 다양하며 크기는 1~28까지 있으며 국내에서는 8~22호까지의 크기가 기많이 사용되고 있다.

Dry Fly용, Wet Fly용, Nymph Fly용, Stream Popper Hook 등이 있고 타잉(Tying)하여 티펫 리에 묶어 낚시를 하게 된다.

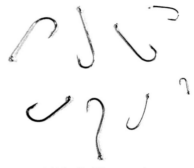

낚시 바늘(훅, Hook)

7. 플라이

7-1 드라이 플라이

　물에 뜨게 타잉한 플라이로 수면 위를 날으는 날벌레나 부유물을 먹기 위해 솟아오르는 물고기들을 낚을 때 사용하며 주로 물에 떠서 물의 흐름을 타고 흐르도록 사용한다.

7-2 웨트 플라이

주로 작은 물고기나 물속 벌레 모양을 흉내내거나 헤엄치는 것처럼 보이게 타잉한 것으로 여울의 흐름을 이용하거나 라인을 적절하게 당기는 등의 움직임을 주어야 한다.

7-3 님프 플라이

물 속에 사는 벌레 모양으로 타잉한 플라이로 물고기가 바닥이나 바닥에 가까이 있을 때 주로 사용한다.

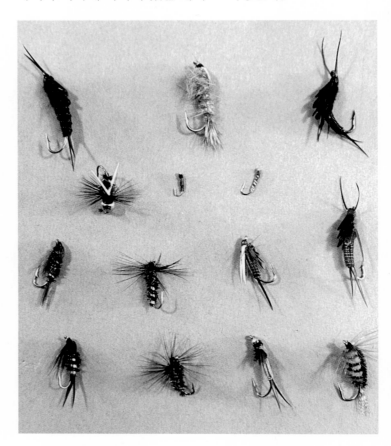

제2장 부수적인 장비들

낚시를 하기 위해서는 입수 장비와 보호장비 등과 기타 편의 장비가 필요하다.

1. 웨이더(Waders)와 계류화

계곡이나 강에서 낚시하다 보면 물에 들어가지 않으면 안될 경우가 많이 생긴다. 이때 편리하도록 만들어진 것이 웨이더와 계류화이다.

1-1 웨이더

| 체스트 웨이더 | 웨이스트 웨이더 | 부츠 웨이더 |

발포 네오프렌(Neoprene)으로 만든 버선 모양이 달린 바지이다. 방수 재질에 발수 처리된 외피와 통기성과 습기 배출이 가능한 멤브레인을 사용하여 만든 것이 많다. 따라서 가격은 다소 고가이다.

가슴까지 오는 체스트 웨이더(Chest Waders), 허리까지만 오는 웨이스트 웨이더(Waist Waders), 허벅지까지만 오는 부츠 웨이더(Boot Waders) 등의 종류가 있다. 또 장화가 바로 붙어 있어 계류화를 안 신어도 되는 것도 있다.

1-2 계류화

웨이더를 착용 후에 반드시 계류화를 착용해야 한다. 계류화는 물이 출입하게 되어 있고 바닥에는 펠트(Felt)가 붙여져 있다. 이것은 물속에서나 바위 등에서 미끄러짐을 줄이기 위해서이다.

계류화

2. 모자

강한 햇빛, 바람막이, 머리의 보온 등의 모자 본연의 역할 이외에 잘못 날아온 낚싯바늘로부터 머리 부분을 보호하기 위해 반드시 착용하는 것이 바람직이다.

바람의 영향이나 캐스팅 실수로 인해 낚싯바늘이 엉뚱한 방향으로 날아갈 수 있기 때문이다.

모자

3. 선글라스(Sunglasses)

야외의 강한 자외선으로 눈을 보호하기 위한 목적 외에 잘
못 날아온 낚싯바늘로부터 눈을 보호하기 위한 필수품이다.
편광 기능이 있는 선글라스가 물속이 잘 보이므로 낚시에 도
움이 된다.

선글라스는 눈에 많은 영향을 미치므로 자외선 차단과 차
단율을 반드시 확인하고 구입해야 하며, 렌즈가 제대로 만들
어진 것이어야만 한다. 그렇지 않으면 눈에 치명적일 수 있기
때문이다.

가격이 터무니없이 싼 것은 피하는 게 좋다. 렌즈의 좋고
나쁨은 눈으로만 판단하기는 어려우므로 믿을 수 있는 안경
점과 상의하는 것이 필요하다.

4. 조끼

많은 종류의 낚시용품을 수납할 수 있는 포켓이 많이 붙어
있는 것이 편리하다.

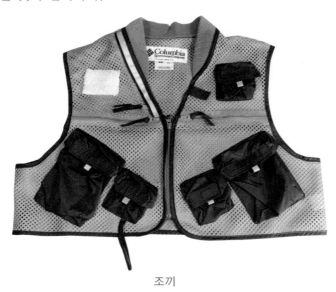

조끼

5. 뜰채

물고기가 낚여 올라올 때 사용하는 도구로 편리하기도 하지만 물고기를 보호하기 위한 목적이 더 크다.

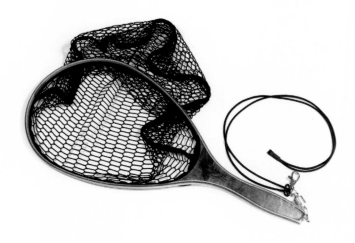

뜰채

6. 라인 컷터(Line Cutter)

라인 컷터

라인을 연결한 후나 플라이(훅)를 맨 후에 길게 남은 라인을 잘라내는 데 필요한 물건이다. 대용품도 가능하나 정품을 사용하는 것이 편리하다.

7. 핀온릴

핀온릴

라인 컷터 등을 매달 수 있는 것으로 줄이 자동으로 감기게 되어 있어서 편리하다.

8. 포셉(Forceps)

바늘(Hook)이 물고기의 입속 깊이 걸렸을 때 빼는 것을 도와주는 가위처럼 생긴 집게이다.

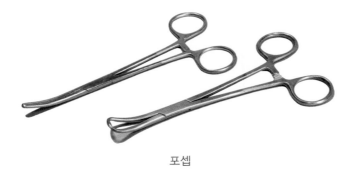

포셉

9. 훅 박스(Hook Box)

플라이를 보관 휴대할 수 있게 만든 작은 통으로 플라이는 각종 동물의 털을 바늘에 묶어(Tying) 만든 것이므로 털이 구겨지거나 변형이 되지 않게 된 구조가 좋다.

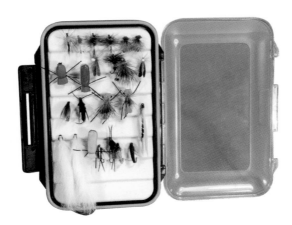

훅박스

부력제

10. 부력제

드라이(Try) 플라이로 낚시를 할 때 플라이가 물에 젖지 않게 하려고 플라이에 바르는 기름이다.

11. 클리너(Cleaner)

낚시 후에 낚싯대, 플라이 라인, 릴 등의 장비를 깨끗이 손질할 때 필요하다.

클리너

11-1 라인 클리너

낚시한 후에 플라이 라인이 묻어 있는 이물질을 깨끗이 제거하는 데 사용한다.

11-2 낚싯대와 릴의 클리닝

클리너는 여러가지가 있으나 핸드타월(Towel) 등을 사용하면 좋다. 와이퍼 티슈를 사용해도 좋다.

12. 드레싱 오일(Dressing Oil)

플라이 라인에 바르는 기름으로 가이드와의 마찰을 줄여주고 라인을 보호해 준다. 클리닝한 후에 고르게 발라준다.

드렛싱 오일

13. 타잉 킷트(Tying Kit)

타잉을 할 때 필요한 도구들로 바이스, 가위, 보빈, 부러쉬, 휘피니쉬, 헤어스테크, 로테이팅 등이 있다.

타잉 킷트

14. 타잉(Tying) 재료

타잉 재료로는 각종 동물의 털과 적절히 가공된 합성섬유, 다양한 종류의 실과 접착제 등이 사용된다. 동물의 털은 그대로 사용되기도 하지만 필요한 색깔로 염색하여 사용하는 때도 많으며 합성섬유와 실도 은빛, 금빛 등 다양하게 가공된 것들이 사용되고 있다. 접착제는 타잉용으로 별도로 판매하는 것을 사용하는 것이 좋다.

제2편 캐스팅

캐스팅에 대해 말이 많은 이유

자기에게 이상적인 방법이 다른 사람 것과 다르기 때문이다. 기초를 터득 한 후 자기 체형과 운동 습관에 맞게 변형하기 때문이며 자기와 다르다고 틀렸다고 하는 것은 좁은 생각이라 할 수 있겠다.

좋은 캐스팅

라인이 바르게 날아가고 필요한 거리와 정확도가 유지되는 캐스팅이다.

이 편에서는 플라이 낚시를 배우고자할 때 반드시 연습해야 하는 캐스팅의 기본에 대해 설명한다.

"플라이 캐스팅은 예술이다."라고들 한다. 맑은 물이 흐르는 계곡에서 숲과 어우러져 낚싯대를 앞뒤로 흔들어 고운 색깔의 플라이 라인을 앞뒤로 던져 날리는 부드럽고 유연한 동작과 길게 펼쳐지는 고운 라인을 보면 예술이라 해도 무리는 아닐 것 같다.

플라이 캐스팅에서 가장 중요한 것은 가속(Loading), 멈춤(Unloading), 타이밍, 손의 움직임 등 4가지라고 생각한다. 플라이 캐스팅은 숙달된 사람일지라도 항상 연습하고 가다듬는 습관을 가져야 하고 언제나 기본에 충실해야 한다. 처음 시작하는 사람들은 어느 수준에 도달할 때까지 인내심을 가지고 연습하는 것이 필요하다. 그리고 캐스팅할 때 항상 염두에 두어야 할 것은 낚싯대 끝을 "가속시켜야 한다"는 것이다.

캐스팅 스타일에 대한 이해

캐스팅 스타일은 구구 각각이다. 사람마다 다르고 캐스팅 스쿨에 따라서도 제각기 다르다. 인터넷, 유튜브 등에도 수많은 스타일이 올라와 있다. 따라서 가장 말이 많은 분야이다. 초보자들은 베이직 캐스팅에 주력해야 한다. 여기서는 많은 캐스팅 스쿨에서 표준이라고 이야기하고 표준이 되어 갈 것이라고 예상하는 방법을 모델로 제시하였다. 기본이 숙달된 뒤에는 각자에게 알맞게 변형해도 좋다고 생각한다.

좋은 캐스팅이란?

여러가지로 표현할 수 있겠으나 어떤 형태의 캐스팅이 되었건 낚싯대의 휨새 특성을 잘 활용하는 것이 좋은 캐스팅이라 할 수 있다. 모든 운동의 동작이 다 그러하지만 부드럽고 유연한 캐스팅이 되어야 한다. 물론 거리와 정확성은 기본이라고 보아야 한다.

제1장 캐스팅 준비

1. 낚시 장비의 준비

가능하면 먼저 시작한 분들과 상의하여 사는 것이 바람직하며 요즘은 저렴하면서도 좋은 물건들이 나오고 있어서 입문 시 너무 비싼 것은 피하는 게 좋다. 비싸도 자기에게 맞지 않는 경우가 많기 때문이다. 어느 수준이 되면 어떤 것이 자기에게 맞는지 판단할 수 있게 되며, 본인이 선호하는 것을 마련하면 된다.

1-1 낚싯대

6번 정도의 그래파이트 낚싯대로 미디엄 정도를 추천한다. 대나무 낚싯대는 입문자에게는 아직 어렵다. 낚싯대의 길이는 8 1/2' (8피트 6인치)에서 9'(9피트)를 추천한다.

1-2 릴

릴의 기능은 라인을 감아 보관하는 것이므로 각자의 취향에 따라 준비하면 된다.

1-3 라인

백킹 라인, 플라이 라인, 리더 라인, 티펫 라인이 있으나 입문자의 캐스팅 연습할 때는 티펫 라인은 연결하지 않아도 된다. 백킹 라인은 20파운드 정도의 것, 플라이 라인은 6번 WF 밝은색 플로팅 라인이 좋다. 밝은 색이라야 잘 보인다.

1-4 연습용 플라이

연습할 때에는 플라이를 묶지 않고 그냥 연습은 하지 않기를 바란다. 가늘고 부드러운 털을 그림과 같이 묶어서 연습하는 것이 바람직하다.

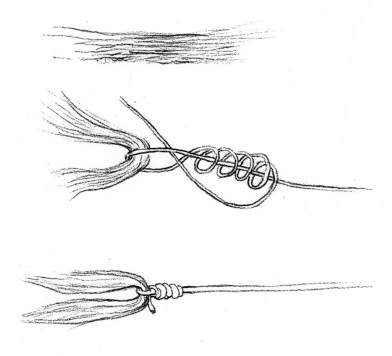

> **캐스팅할 때 오른발을 약간 앞으로 내밀어 서기**
> **(오른손잡이일 경우)**
>
> 오른발을 약간 앞으로 내밀어 선 자세로 캐스팅하면 몸이 회전하는 것을 방지하는 데 도움이 된다.

2. 라인의 연결과 매듭, 그리고 릴에 라인 감기

흔히 사용하는 매듭은 몇 가지가 있으나 여기에서는 한 가지씩만 소개하기로 한다. 반드시 이 매듭을 사용해야 하는 것은 아니며 각자 좋아하는 매듭을 사용하면 된다.

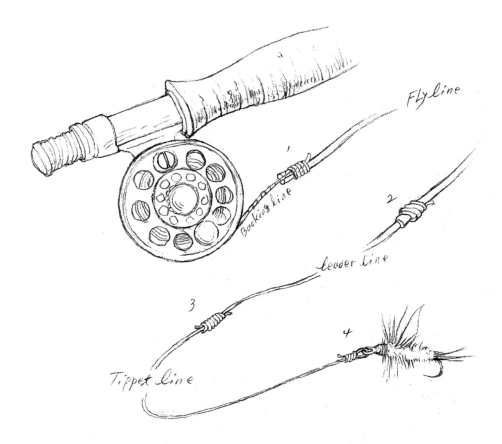

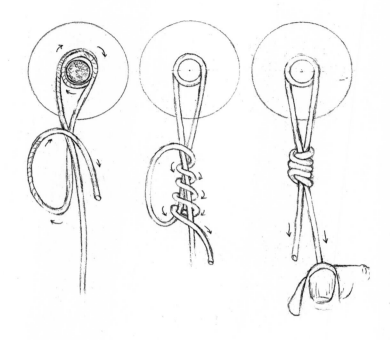

릴과 백킹 라인

캐스팅의 원리

플라이 캐스팅은 라인 무게에 의한 관성과 낚싯대의 탄성을 이용하는 것이다. 낚싯대를 가속하면 라인 무게에 의한 관성 때문에 라인이 낚싯대의 움직임을 따라오지 못하게 되고 대신 낚싯대가 휘게 된다. 이때 낚싯대를 급히 멈추면 휘었던 낚싯대가 펴지면서 라인을 끌어 날리게 되는 것이다. 따라서 캐스팅에서 가속과 멈춤은 매우 중요한 동작 요소다.

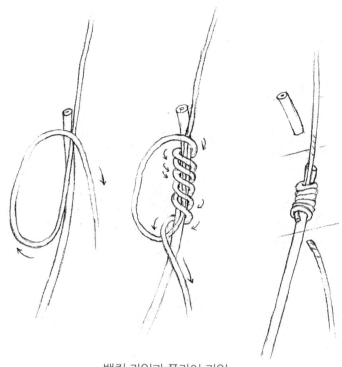

백킹 라인과 플라이 라인

처음 캐스팅하는 사람들의 흔한 실수

낚싯대를 도리깨질하듯이 휘두르는 것인데 이렇게 하면 라인이 날아가지 않고 낚싯대 끝에 주르룩 떨어져 쌓이게 된다. 이렇게 되는 원인은 원심력을 이용해서 던지려고 하는 생각이 바탕이 되어 있는 경우가 많은데, 플라이 캐스팅은 관성과 탄성을 이용하는 것이다.

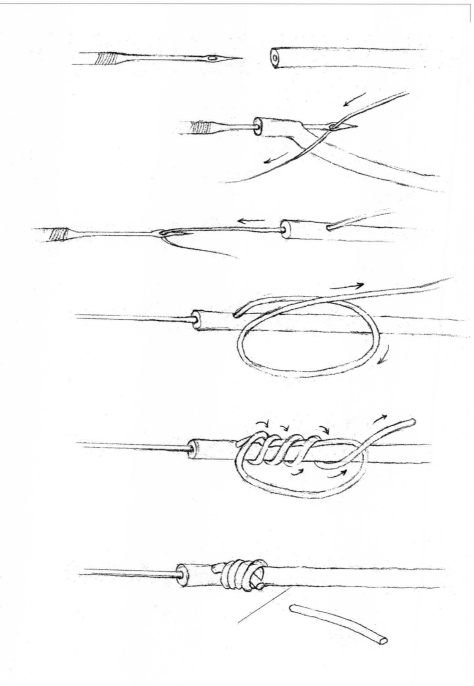

플라이 라인과 리더 라인

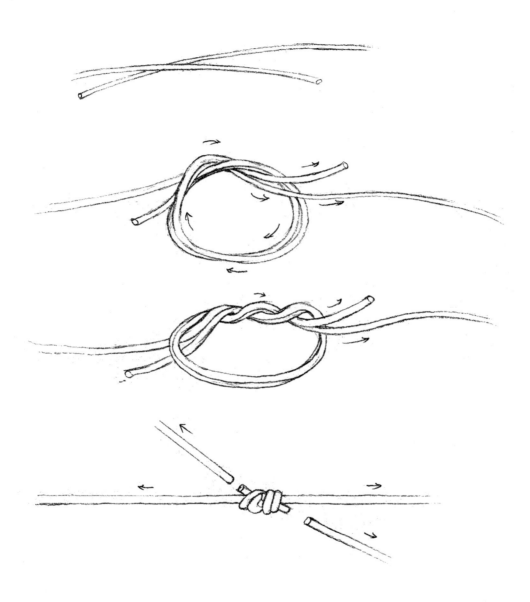

리더 라인과 티펫 라인

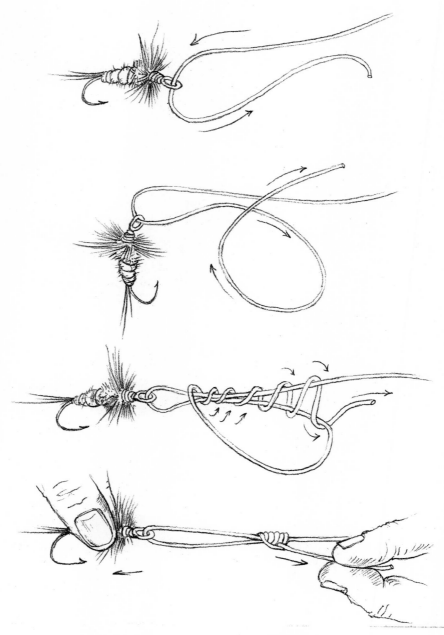

티펫 라인과 플라이

라인 감기

감는 순서는 백킹 라인, 플라이 라인, 리더 라인 순으로 연결(매듭)하여 감으면 된다. 먼저 백킹 라인을 릴에 감고, 플라이 라인은 "TO THE REEL"이라는 라벨이 붙어 있는 쪽을 백킹 라인과 연결하여 릴에 감은 후, 리더 라인의 굵은 쪽을 플라이 라인에 연결하여 감으면 된다(연결 매듭은 앞쪽 그림 참조).

3. 안전을 위해서

모자와 안경 혹은 선글라스를 반드시 쓰고 연습해야 한다. 이것은 숙련자도 꼭 지켜야 한다. 바람에 의해 플라이 라인이 몸 쪽으로 날아올 가능성이 늘 있기 때문이다.

4. 연습할 때 라인의 길이

릴 앞 손잡이에서 약 11m(리더 라인 제외) 정도 펼쳐서 연습하는 것이 좋다. 입문자에게는 다소 긴 길이가 될 수도 있다. 부담스럽고 캐스팅이 잘 안 되면 2~3m 줄여서 시작하고 잘 되면 약 11m로 하여 연습한다. 이 길이는 낚싯대의 설계와 관련이 있기도 하고 연습의 효과가 좋다.

플라이 더하기

라인 펴기

라인을 릴에 감아 보관하면 릴에서 풀어도 감긴 형태대로 유지하려고 하는 성질 때문에 돌돌말려 있게 된다(코일 링). 이것은 캐스팅하는 데 방해가 되므로 펴주어야 한다.

라인을 릴에서 풀어 50~60cm씩을 약간씩 당기면서 펴지는 상태를 보아가며 몇 차례 당기면 펴진다. 너무 세게 당기면 라인이 손상된다. 이런 현상을 메모리 현상이라고 하며 아직은 이런 현상이 안 생기게 만들지는 못하는 모양이다.

제2장 캐스팅 연습

플라이 캐스팅은 4가지 동작으로 구성되는데 우선 이 4가지 동작이 몸에 익숙하여지도록 하는 것과 11m(리더 라인 제외) 정도의 라인을 무난히 던지도록 숙달시키는 것이 목표이다. 중요한 것은 낚싯대의 휨새와 탄력을 최대한 이용하여 최소의 움직임으로 최대의 효과를 얻는 것이다. 자세한 것은 라인과 함께 연습하는 곳에서 설명할 것이다. 11m의 라인을 무난히 던질 수 있을 때까지는 잔디밭에서 연습하는 것이 물에서 하기보다 쉽다. 여기서는 베이직 캐스팅(Basic Casting)에 대해서 설명하고자 한다.

1. 낚싯대와 함께 하는 연습

1-1 낚싯대를 쥐는 법

엄지손가락이 낚싯대와 함께 동일한 캐스팅 평면에서 움직이도록 잡는 방법(엄지 그립 : Thumb Grip)이 좋다. 이렇게 잡으면 엄지손가락이 낚싯대를 잘 받쳐준다. 또 계류에서는 정교한 캐스팅을 할 때 잡는 방법으로 집게손가락으로 낚싯대를 받치는 검지 그립(Poing Grip)을 사용하기도 한다. 이것 역시 집게손가락이 낚싯대를 받치며 낚싯대와 함께 동일한 캐스팅 평면을 움직인다.

캐스팅할 때 낚싯대의 손잡이는 손에 힘을 주어 꽉 잡아야 한다. 느슨하게 잡으면 멈춤 순간에 대가 탁 멈추지 못 하고 낚싯대가 흔들리게 된다. 이것은 라인에도 영향을 주어 라인이 주욱 펴지지 못하고 구불구불하게 되는 원인이 된다. 또한 대의 멈추는 위치도 수평에 가깝게 되어 라인의 방향이 땅 쪽으로 향하게 되고 힘은 분산되게 된다.

엄지 그립(Thumb Grip)

검지 그립(Point Grip)

V 그립

잘못된 그립

　엄지 그립은 일반적으로 많이 사용하는 것으로 엄지손가락
으로 낚싯대를 받치는 형태이고 검지 그립은 집게손가락으로
낚싯대를 받치는 형태이고 계곡 등에서 정교한 캐스팅을 할
때에 주로 사용하며 V 그립은 엄지와 검지로 낚싯대를 받치는
형태의 그립이다. 사진의 잘못된 그립은 사용하면 안 된다.

　베이직 캐스팅 시의 손목의 바른 자세
　베이직 캐스팅 시는 사진과 같은 손목 자세를 유지하면서
연습한다. 즉, 손목은 쓰지 않고 사진의 자세처럼 손목을 고
정하여 익히도록 하는 것이 좋다.

1-2 낚싯대를 쥐고 연습

낚싯대를 쥐고 하는 연습은 실제 라인을 던지는 것은 아니고 낚싯대 쥐는 법, 손목의 바른 자세, 발의 움직임 등의 바른 동작을 익히기 위한 것이다.

* 라인을 던질 방향으로 편안하게 똑바로 선다.
　발을 벌리는 간격도 편안하게 하면 된다.

사진 설명

(1)의 위치 : 팔꿈치 앞부분의 팔이 수평보다 낮게 수평과 이루는 각이 약 30도 정도 되게 낚싯대 끝이 수면과 닿을 정도로 수면을 향하게 한 자세

(2)의 위치 : 팔꿈치 앞부분의 팔이 거의 수평을 이루거나 수평보다 약간 돌린 상태로 낚싯대가 수평과 약 45도를 이루는 자세

(1)에서 (2)로 이동하는 구간은 픽업, (2)에서 (3)으로 이동하는 구간은 백캐스트 가속구간(로딩구간),
(3)에서 멈춤 언로딩 구간, (3)에서 (2)의 위치로 이동은 포워드 가속구간(로딩구간),
(2)에서 멈춤(언로딩구간), (2)에서 (1)의 위치로 이동은 프리젠테이션

(3)의 위치 : (2)의 위치에서 점점 속도를 높여 뒤로 이동시
키다가 급히 멈춘 위치. 뒤로 던지기 멈춤(Back Cast Stop)
이다. 손의 위치는 귀 정도의 위치이고 귀의 앞쪽에 위치한
다. 낚싯대는 1시 방향 정도. 팔꿈치는 (2)의 위치보다 약
10cm 정도 들린 상태이다.

사진처럼 팔과 팔꿈치를 몸에 자연스럽게 붙이고 (1)의 위
치의 자세를 취하고 낚싯대 끝이 물을 향하여 숙어져 있다.
팔꿈치 앞부분의 팔을 (2)의 위치로 천천히 이동(픽업: Pick
Up)하여 낚싯대가 수평과 이루는 각이 약 45도 정도가 되는
위치. (2)의 위치로부터 (3)의 위치로 가속하여 이동시키고
(3)의 위치에서 급히 멈춘다(백 캐스팅: Back Casting).

(1)의 위치에서 (2)를 거쳐 (3)의 위치까지는 연속동작이다.
주의해야 할 사항은 (2)에서 (3) 위치로 이동할 때 (2)의 위치
에서 갑자기 낚싯대를 뒤로 확 잡아채서는 안 된다.

반드시 천천히 시작해서 점점 빠르게 가속해야 한다.

확 잡아채면 낚싯대가 휘청하게 되고 따라서 라인도 휘청하
게 되므로 라인에 힘의 전달이 제대로 되지 않아 라인이 힘있
게 뻗지를 못하게 된다. 또 낚싯대 끝부분이 직선으로 이동하
지 못하고 오목하게 이동하게 되어 라인이 꼬이고 매듭이 생
기는 원인이 될 수 있다.

(3)의 위치에서 멈춘 후 그대로 잠시 기다린다(이 기다리는
시간은 라인을 걸었을 때 라인이 뒤로 다 펴질 때까지의 시간
이다). (3)의 위치에서 멈춘 후 (3)의 위치로부터 천천히 시작
하여 점점 속도를 높이며 (2)의 위치까지 가속하다가 급히 멈
춘다(포워드 캐스팅: Forward Casting). 이때에도 (3)의 위
치에서 낚싯대를 앞으로 확 잡아채면 안 된다.

반드시 천천히 시작해서 점점 빠르게 가속해야 한다.

가속은 낚싯대가 계속 휘어지게 해야 하며 휘어졌던 낚싯대
는 멈춤에 의해서 펴지면서 라인을 날아가게 하는 것이다. 이

플라이 더하기
로딩과 언로딩
로딩(Loading)
가속 구간(2, 3구간)에서 낚싯대가
휘면서 에너지를 축적하는 것
언로딩(Unloading)
3이나 2의 위치에서 급히 멈추면
휘었던 낚싯대가 펴 지면서 라인
을 끌어 던지는 것

플라이 더하기
캐스팅은 낚싯대의 탄력을 이용 해서 하는 것
백 캐스팅이나 포워드 캐스팅에서
가속 구간(시작에서 멈출 때까지)
은 낚싯대가 에너지를 축적하게
되고 멈추면 휘어 졌던 낚싯대가
펴지면서 라인을 끌어 던지게 된
다. 마치 활을 쏠 때, 활시위를 당
겨 활대가 휘면서 에너지를 축적
하는 것과 같은 이치이다.
(캐스팅에서 가속 구간)

때의 낚싯대 위치는 수평과 약 45도 정도를 이루는 위치이다.

(2)의 위치에서 멈춘 후 그대로 잠깐 기다린다(이 기다리는 시간은 라인이 걸었을 때 라인이 앞으로 다 펴질 때까지 시간이다). 라인이 펴지기 시작하면 (1)의 위치로 낚싯대의 끝을 낮춘다(프리젠테이션: Presentation).

정리하면 (1)에서 천천히 (2)로 멈추지 말고 연속해서 점차 가속하며 (3)으로 이동시키다가 (3)에서 급히 멈춘 후 그대로 잠깐 기다린다. 기다린 후 천천히 시작하여 점점 가속하며 (2)로 이동시키다가 (2)의 위치에서 급히 멈춤, 그 후 잠깐 기다린다. 기다린 후 라인이 펴진다고 상상하여 이에 보조 맞추어 (1)의 위치로 이동시켜 낚싯대의 끝을 낮춘다.

(1), (2), (3)을 왔다 갔다 하는 팔의 움직임은 같은 평면상에서 이루어져야 한다. 평면이 휘면 안 된다. 즉 들면 안 된다. 어깨와 몸통이 들면 안 된다. 몸을 앞뒤로 약간씩 움직여 주는 것은 괜찮다.

첫째, (1)에서 (2)로 이동하는 동작을 "라인 회수(픽업 : Pick Up)"

둘째, (2)에서 (3)으로의 가속 이동 동작을 "뒤로 던지기(백 캐스트 : Back Cast)"

셋째, (3)에서 (2)로 가속 이동 동작을 "앞으로 던지기(포워드 캐스트 : Foreward Cast)"

넷째, (2)에서 (1)로 이동시키는 동작을 "제시(프리젠테이션 : Presentation)"라고 하며 이 4가지 동작이 캐스팅의 기본동작이다.

그리고 많은 플라이 낚시인들은 뒤로 던질 때 팔꿈치도 동시에 약간(7~10cm) 드는 동작을 함께 한다. 이것을 동작을 원활하게 하는 데 도움을 주고 캐스팅 거리를 늘리는 데 도움이 된다. 또 백 캐스팅 멈춤에서 낚싯대가 2시 방향을 넘지 않게 하는 데에도 도움이 된다. (3)의 위치에서 엄지손가락은 수직에 가깝게 하늘을 향하고 있어야 하며, 팔꿈치는 약간 앞쪽으로 들려 있어도 좋다.

　(2)의 위치에서는 엄지손가락은 수평과 약 45도를 이루는 것이 좋다. 위의 결과를 보면 엄지손가락과 낚싯대는 평행이 되게 쥐어야 힘을 알 수 있다. 포워드 캐스팅을 할 때 팔이 앞으로, 수평으로 쭉 뻗는 것은 안 좋은 동작이다.

　캐스팅을 처음 시작할 때에는 (2)의 위치에서 (3)의 위치로 (백 캐스팅), (3)의 위치에서 (2)의 위치로 올 때(포워드 캐스팅) 낚싯대를 잡은 손의 움직임은 직선운동보다 원운동을 하게 하는 것이 좋다. 이것은 (3)의 위치에서 약간 들린 팔꿈치를 옆구리 위치로 당겨 내림으로써 이루어진다. 이렇게 하는 것은 라인의 끝부분이 말리지 않고 잘 펴지게 하기 위함이다. 무거운 플라이를 던질 때도 도움이 된다. 라인 끝이 말리면 매듭이 생기기 쉽다.

플라이 더하기

백 캐스팅 요령

대를 들어 올려 수직으로 세운다는 기분으로 하면 된다. 실제는 수직보다 더 뒤로 젖혀진다.
백 캐스팅 시의 낚싯대를 쥔 손의 높이는 계속 높아지다가 멈추어야 한다. 손목이 꺾이면 안 된다.

안 좋은 동작

라인 회수(Pick-up) : 팔꿈치 앞쪽 팔을 수평 위치로 움직이며 천천히 낚싯대를 들어 올려 낚싯대가 수평과 약 45도 정도될 때까지 들어 올린다.

뒤로 던지기(Back Cast) : 멈추지 말고 연속해서 부드럽게 뒤로 던지기로 전환, 가속하다가 급히 멈추고 그대로 기다린다. 멈춤의 위치는 낚싯대는 1시 방향 정도가 되게, 손의 위치는 귀 높이 정도의 귀의 앞쪽 정도로 한다. 이때 손목이 뒤로 젖혀지지 않도록 해야 한다. 손목이 젖혀지면 낚싯대 멈춤의 위치가 수평 가까이 가게 되고 라인은 뒤로 펼쳐지지 못하게 된다. 팔꿈치를 앞쪽으로 내미는 형태도 멈춘 위치를 수평에 가깝게 하는 원인이 된다.

앞으로 던지기(Forward Cast) : 앞쪽으로 캐스팅하고 낚싯대가 수평과 45도 정도 되는 위치에서 급히 멈추고 라인이 다 펴질 때까지 기다린다.

제시(Presentation) : 기다리다가 라인 루프가 형성되어 루프가 앞으로 이동해 가면 낚싯대 끝을 향하여 낮춘다.

바른 손목형태와 팔꿈치 위치(O)　　　뒤로 젖혀진 손목(X)　　　앞으로 나온 팔꿈치(X)

앞에서 설명한 4가지 동작은 좀 느린 동작으로 연습하여 몸에 익히도록 한다.

시작할 때 낚싯대 끝이 거의 땅에 닿을 정도에서 시작한다. 백 캐스트 멈춤은 낚싯대가 거의 수직에 가까운 위치(12시~1시 사이), 이때 엄지손가락은 하늘을 향하고, 팔꿈치는 약간 들리고 몸의 약간 앞쪽 편에 위치(사진 참조).

포워드 캐스트는, 몸의 약간 앞쪽에 있는 팔꿈치를 몸 옆으로 낮추어 당겨 원위치시키면서 동시에 팔꿈치 앞쪽의 팔을 수평 가까이 이동, 낚싯대가 약 45도 정도의 위치에서 급히 멈추어 움직이지 않고 기다린다. 포워드 캐스팅할 때의 가속 구간에서는 엄지손가락으로 낚싯대를 밀어주어야 한다. 그래야 손목이 뒤로 밀려 꺾이는 것을 방지할 수 있다.

백 캐스트 멈춤 및 포워드 캐스트 멈춤 후 기다릴 때는 낚싯대와 몸동작은 고정, 백 캐스트나 포워드 캐스트 하는 동안은 반드시 손이 움직이는 속도가 점점 빨라져야 한다(가속). 같은 속도나 감속은 안 된다. 시작할 때에 휙 잡아채듯이 해서도 안 된다. 반드시 시작에서 멈출 때까지 천천히 시작해서 가속해야 한다. 캐스팅에서 낚싯대의 가속은 가장 중요한 동작이라고 할 수 있다.

손목은 쓰지 않는 것이 좋다. 손목 관절을 보호하기 위해서, 또 캐스팅이 잘 되게 하기 위해서다. 그러나 **캐스팅할 때에 손은 캐스팅의 방향과 반대로 힘을 받게 된다. 이때 손목이 젖혀지면 안 된다. 반드시 손목은 버텨주어야 한다.** 손목이 캐스팅 방향과 반대로 밀리게 되면 테일링이 생기는 원인이 되기도 한다.

2. 라인을 걸고 하는 캐스팅 연습

처음으로 라인을 걸고 하는 연습이 된다. 라인을 걸고 캐스팅을 하게 되면 라인이나 플라이가 몸쪽으로 날아오기도 하여 위험한 경우가 발생할 수도 있으므로 다음 사항들을 반드시 지켜야 한다.

(1) 모자를 쓰고 안경이나 선글라스를 착용해야 한다.
(2) 바람이 불 때는 바람의 방향과 캐스팅의 방향이 직각이

바람의 방향 ←

바람의 방향 →

되게 서고, 바람이 부는 방향이 왼쪽에서 오른쪽이 되게 선다 (오른손잡이의 경우), 왼손잡이의 경우는 반대로 하면 된다.

(3) 바람이 강할 때는 캐스팅 연습을 중단해야 한다.

권고사항 : 낚싯대를 몸의 반대쪽으로 약간 기울여서(약 10~20도 정도) 캐스팅하는 것도 라인이 몸쪽으로 날아오는 것을 방지하는 방법이다.

플라이 더하기

플라이 라인, 리더 라인이 낚싯대에 부딪힐 때

낚싯대를 몸의 바깥쪽으로 약간 기울인다. 라인이 거의 다 펴진 후에 다음 행동으로 옮긴다. 스트로크할 때 힘을 더 가한다. 스윙 아크가 작지 않은지 점검하고 작다면 크게 한다. 60~70도는 작으며 최소 90도 이상은 되어야 하며, 120도 이상 넘지 않게 해야 한다.

대를 약간 기울인 자세(앞)

대를 약간 기울인 자세(뒤)

2-1 연습 장소 : 바람이 없는 잔잔한 잔디밭

2-2 준비

(1) 릴을 낚싯대의 릴시트에 장착한다.

(2) 릴로부터 라인을 풀어 낚싯대의 가이드틀을 통하여 라인을 장착한다. 플라이 라인의 끝부분을 접어 릴에 가까운 가이드부터 차례로 통과시키고 마지막에 낚싯대 끝에 있는 가이드를 통과시키고 접어진 채로 끝 가이드로부터 라인을 뽑아 리더 라인 끝이 나도록 하면 된다.

(3) 리더 라인 끝에 연습용 플라이를 묶는다.

(4) 낚싯대를 캐스팅 방향으로 두고 처음엔 릴에서 8m 정도 라인을 풀어 낚싯대와 일직선이 되게 펼쳐 놓는다.

2-3 연습

낚싯대를 들고(엄지 그립) 캐스팅 방향으로 편안히 서서 낚싯대 끝이 땅에 닿을 정도로 낮춘 자세를 취한다. 그리고 사진처럼 라인을 검지와 장지에 걸어 손잡이와 함께 잡는다. 릴에서 라인을 약간 풀어 릴과 손 사이에 사진과 같이 라인의 여유를 만든다.

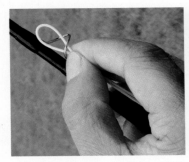
라인을 접어 가이드를 통하는 사진

대를 든 자세

(1) 라인 회수(픽업 : Pick Up)

팔꿈치 앞쪽의 팔을 서서히 들어 올려 낚싯대 끝을 부드럽게 들어 올린다. 그러면 라인도 들리면서 끌려온다. 팔이 수평 또는 약간 수평 위쪽 위치에서 낚싯대가 수평과 약 45도가 될 때까지 들어 올린다.

플라이 더하기

낚싯대를 몸 바깥쪽으로 약간 기울이면

팔이나 어깨 근육, 반사 신경 등이 앞보다 옆쪽이 편하게 되어 있어 캐스팅 하기가 편하다. 또 플라이나 플라이 라인이 낚싯대나 신체에 닿을 가능성이 훨씬 낮아진다. 실제 낚시할 때 대체로 사이드 암 캐스트나 그 변형을 많이 사용하게 된다. 낮은 캐스트는 위험이 적고 바람의 영향도 적게 받으며 물고기에게도 잘 보이지 않게 된다.

픽업(pick up)

플라이 더하기

딱 소리가 난다

백 캐스트에서 포워드 캐스트로 전환할 때에 뒤에서 딱 소리가 난다면 라인이 뒤로 다펴지기 전에 포워드 캐스트를 시작해서이며 너무 급히 앞쪽으로 채기 때문이다. 이런 경우 애 대부분이 백 루프는 U자 형태가 아니고 아래쪽으로 포켓이 형성되어 있는 경우가 많다. 낚싯대의 멈춤이 수평에 가깝기 때문이다. 마치 말채찍을 휘두르듯..
반드시 가짜(Dummy) 플라이를 달고 연습하자.

(2) 뒤로 던지기(백 캐스트 : Back cast)

픽업의 마지막(낚싯대가 약 45도)에 도달했을 때 멈추지 않
고 연속해서 팔꿈치를 약간 들면서(약 7~10cm 정도) 동시에
손을 귀 부근으로 가져가는데 이때 중요한 것은 가속이다. 라
인도 낚싯대도 모두 가속 상태가 되어야 한다(낚싯대 끝이 가
속되어야 한다). 가속하다가 낚싯대가 12~1시 사이가 되면
급히 멈추고 그대로 라인이 뒤쪽에 쭉 다 펴지도록 그대로 기
다린다. 손은 귀의 뒤쪽으로 가지 않게 한다. 손이 귀의 뒤쪽
으로 가게 되면 팔꿈치도 더 많이 들리게 되고 낚싯대 끝은
뒤땅을 향하여 숙어지게 되는 경우가 있고, 라인은 힘차게 펴
지지 않을 수도 있다.

백 스톱

백 가속

(3) 앞으로 던지기(포워드 캐스트 : Forward cast)

라인이 다 펴진 순간 약간 들린 팔꿈치를 낮추어 몸쪽으로
원위치시키면서 동시에 팔꿈치 앞부분의 팔을 수평으로 가져
오면서 낚싯대가 수평과 약 45도 위치에 오면 급격히 멈추어
그대로 라인이 다 펴지도록 기다린다. 이 동작 구간은 반드시
가속해야 한다(낚싯대 끝이 가속되게 해야 한다).

루프가 만들어지는 원리

포워드 가속

포워드 멈춤

플라이 더하기

동작의 전환 시점

플라이 라인이 전방 또는 후방으로
날아가 완전히 펴진 시점

플라이 더하기

포워드 캐스트 후 프리젠테이션에서 라인이 꼬불꼬불하게 펴지는 이유

주원인은 멈춤 후 낚싯대가 전후로 흔들렸기 때문이다. 거리보다 너무 강한 힘을 가했기 때문이기도 하다.

(4) 제시(Presentation)

라인 루프가 앞쪽으로 진행되어가기가 시작하면 낚싯대의 끝을 낮추어 라인이 물 위에 펴지도록 한다. 전 라인이 동시에 물 위에 안착하도록 시간을 잘 맞추면 된다. 라인이 다 펴진 후에 물에 떨어지게 되면 반동 때문에 라인이 구불구불하게 펴지게 된다(낚싯대의 흔들림도 영향).

라인이 다 펴짐과 동시에 물 위에 안착시키는 것은 시간 맞추기가 매우 어려우므로 차라리 낚싯대 끝 앞쪽의 라인이 약간 먼저 착수하도록 낚싯대의 끝을 조금 먼저 낮추어 주는 편이 낫다. 이렇게 하면 라인 루프가 물 위를 진행하면서 라인이 펴지게 된다.

제시 완료

백 캐스팅과 포워드 캐스팅은 천천히 시작하여 점차 속도를 높여야 하낟. 이때 낚싯대도 가속이 되어야 하고 라인도 가속이 되어야 한다. 가속할 때 라인의 무게의 관성에 의해 낚싯대가 휘게 된다. 이것은 라인의 속도 증가를 늦추는 결과를 가져온다.

따라서 이런 것을 고려하여 손을 더 가속시켜야 한다. 즉 결과적으로 낚싯대의 끝이 가속되어야 한다. 낚싯대는 가속하는 동안 계속 휘도록 해야 한다. 앞쪽은 라인이 펴지는 것을 보고 다음 동작을 하면 되지만 뒷쪽은 보이지 않으므로 다 펴졌는지 아닌지 알기가 어렵다. 앞쪽에서 라인이 펴지는 시간만큼 기다리는 것도 한 방법이다. 연습을 계속하면 자연히 알게 되는 날이 온다. 라인이 잘 날아펴지면 라인 길이를 약 11m 정도로 늘려서 연습하도록 한다.

이 연습에서는 동작 간 타이밍을 잘 맞추는 요령을 터득해야 한다. 또 대의 힘과 탄력을 잘 활용하는 요령을 터득해야 한다. 즉 낚싯대가 휘어 축적된 에너지를 최대 활용하는 것이다. 멈춤 후에 휘어졌던(에너지가 축적된) 낚싯대가 펴지면서 라인을 더 끌어주는 현상은 낚싯대의 특성과 관련이 있고 낚싯대 평가의 중요한 사항 중 하나이다.

좁은 루프를 만드는 요령을 터득해야 한다. 스프링백을 최소화하는 캐스팅 요령을 터득해야 한다. 캐스팅 시 스프링백은 약간씩 있기 마련이지만, 심하면 문제가 되고 전혀 없게 하기는 매우 어렵다.

플라이 더하기

스프링 백이란?

캐스팅할 때 낚싯대의 끝부분은 라인 쪽으로 휘어지게 되고 멈춘 후에는 복원력에 의해 펴지게 되는데 이때 관성에 의해 반대쪽으로 휘어졌다가 곧게 펴지는 쪽으로 돌아오는 현상.
이 스프링백 현상은 심하면 라인이 쭉 펴지지 않는 원인이 되어 라인이 밑으로 처지게 되므로 거리도 줄게 된다.

물에서 캐스팅 연습

땅에서 연습을 많이 했다면 연습용 플라이 대신에 18번 정도의 실제 플라이(그리피스넷)를 묶어서 연습한다. 연습 중에 눈먼 고기가 물어 줄지도 모르니깐.
모자, 안경을 착용하는 게 좋다.

3. 물에서 캐스팅 연습

물에서 캐스팅 연습을 하는 것은 거의 실전에 가깝다. 초보자는 기본 동작에 충실해야 한다.

3-1 장소

물의 흐름이 느리고 얕으며 넓고 장애물이 없는 곳이 좋으며 바람이 없거나 약한 날 연습하는 것이 좋다.

3-2 준비

물가의 풀밭이나 자갈밭 등 비교적 깨끗한 곳에서 낚싯대와 릴을 조립하고 릴에서 라인을 뽑아 가이드에서 순차적으로 통과시키고 플라이를 맨다. 낚싯대의 바늘 걸이에 바늘을 걸고 라인을 감아 라인이 늘어지지 않게 한다.

만일 어디에 걸리든지 헛디뎌 넘어지면 낚싯대를 옆으로 살짝 밀어 가볍게 던져놓고 넘어지는 게 낚싯대를 보호할 수 있다. 낚싯대를 쥔 채로 넘어지면 낚싯대가 부러지거나 손상될 수 있다.

위 사진과 같이 들고 이동하는 것이 앞으로 드는 것보다 더 안전하다.

3-3 서는 위치

하류 쪽을 보고서고 앞뒤로 각각 30m 이상 장애물이 없는 위치, 양옆도 여유가 있는 곳이 좋다. 조금 잘못 날아가도 걸리지 않는 것이 좋다.

물에 들어가 서서 바늘을 걸이에서 **빼내어** 라인과 함께 물에 잠기게 한 다음 물 표면 바로 위에 있는 낚싯대 끝을 좌우로 흔들며 릴에서 라인을 풀면 라인은 물에 따라 흐르면서 펴진다. 라인 길이는 8m 정도부터 시작하여 점차 11m로 늘인다.

3-4 픽업

낚싯대 끝은 물에 닿을 정도로 물 표면 가까이 있는 상태에서 언제나 픽업을 시작한다. 이때 라인은 다 펴져 있어야 한다.

픽업 시작 전

물의 장력 때문에 땅에서의 픽업보다 약간 느낌이 다르고 힘도 더 필요하다. 라인이 부드럽고 조용하게 물과 분리되도록 천천히 진행한다. 그리고 플라이가 물 표면에 떠오른 후에 백 캐스팅으로 전환한다.

픽업 45도(픽업은 라인을 천천히 들어올린다.)

이후 백 캐스트, 포워드 캐스트, 프리젠테이션은 풀밭에서 연습할 때와 같다. 연습할 기회를 많이 가져 요령을 터득해야 한다.

③ 백 멈춤　　　　　　② 백 가속　　　　　　① 픽업

④ 라인 뒤로 펴짐　　　⑤ 포워드 가속　　　　⑥ 포워드 멈춤

베이직 캐스팅

① 픽업   ② 백 가속   ③ 백 멈춤   ④ 포워드 가속   ⑤ 포워드 멈춤

연속 동작

캐스팅은 조용해야

물에서 픽업할 때 물과 라인이 분리되면서 물 튀는 소리가 나지 않게 천천히 해야 한다. 백 캐스트 할 때 휙 소리가 난다면 시작을 너무 급히 하기 때문이다.

포워드 캐스트 할 때에 휘파람 소리가 난다면 이 역시 빨라서이다. 이런 소리는 특별히 긴 캐스트할 때 나기도 한다. 될 수 있는 대로 천천히 캐스팅해야 한다.

프리젠테이션할 때 착수음이 조용해야 한다. "철썩"하는 소리가 나면 물고기가 모두 도망간다. 물 표면에서 라인이 조르륵 펴져서 살짝 착수하도록 캐스팅해야 한다. 라인이 높게 공중에 떠서 펴진 다음 떨어지면 소리가 요란하게 된다.

물이 튀는 시끄러운 픽업(물고기가 놀라 도망간다)

플라이 더하기

낚싯대 끝이 S자로 이동하는 이유

가속도가 균일하지 않기 때문이다. 그림을 보면 가속 초기에 많이 휘고 그 다음은 낚싯대가 펴지면서 끝이 높아지고 있음을 알 수 있다. 낚싯대 끝의 이동이 S자 모양이면 라인도 S자 모양으로 날아가게 된다.
반면, 낚싯대 끝의 이동이 직선인 경우는 낚싯대가 점점 많이 휘어졌다가 멈춤 이후 확 펴지는 것을 볼 수 있다.

4. 캐스팅 정리

캐스팅을 할 때 낚싯대 끝의 움직임(이동 궤적)은 직선이 되어야 한다. 각 그림의 아래쪽 화살표는 손이 움직이는 궤적이다. 이것은 시작할 때는 천천히, 멈출 때까지는 가속을 부드럽게 함으로써 이루어진다. 물론 몸이 돌지 않아야 한다.

시작에서 급가속하거나, 끝에서 가속하지 않고 스윙아크가 작고(포워드 멈춤을 70~60도에서), 멈추는 것을 느리게하면 낚싯대 끝의 움직이는 궤적은 직선이 안 될 뿐만 아니라 오목하게 되거나 길게 누운 S자 형태가 되어 라인에 힘이 모두 전달되지 못하고 분산되어 결국 라인은 힘있게 쭉 뻗어 나가지 못하게 된다.

이렇게 되면 거리도 안 나고 테일링도 생기고 힘만 들게 된다. 힘은 많이 쓰는데 거리가 안 났다면 바로 이런 경우일 것이다. 또 힘은 별로 안 쓴 것 같은데 거리가 나고 라인이 경쾌

〈비디오 카메라로 촬영하여 캡처 후 그린 그림〉

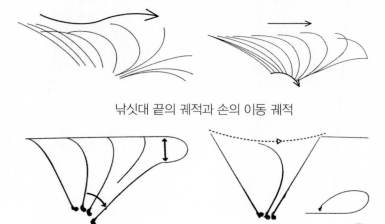

낚싯대 끝의 궤적과 손의 이동 궤적

손의 움직임에 따른 루프의 모양

하게 뻗어 나아갔다면 가속상태와 타이밍과 멈춤 등이 모두
조화롭게 이루어진 것이다. 거리를 내는 데도 좋은 루프가 더
좋다.

　　루프의 폭은 캐스팅할 때 손의 움직임에 따라 달라진다.

좁은 루프

넓은 루프(힘의 분산)

라인이 엉키는 경우

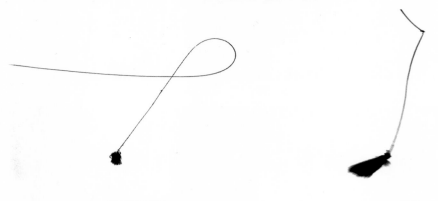

테일링 루프   매듭

낚싯대, 팔, 라인 무게의 작용

포워드 캐스팅을 할 때는 낚싯대와 팔이 아래 방향으로 움직이므로 낚싯대와 팔의 자체 무게 때문에 작은 힘으로도 움직임이 가능하나 백 캐스팅할 때는 반대로 팔과 낚싯대를 들어 올리는 힘이 더해지므로 포워드 캐스팅할 때보다 힘을 더 써야 한다.

손목의 버팀(중요)

백 캐스팅을 할 때는 손목이 앞쪽으로 힘을 받게 되고, 포워드 캐스팅을 할 때는 손목이 뒤로 젖혀지는 힘을 받게 된다. 이때 소목은 최소한 꼿꼿이 버텨주어야 한다. 캐스팅 방향과 반대쪽으로 젖혀지면 안 된다.

캐스팅 방향과 반대로 손목이 젖혀지게 되면 루프가 U자 모양이 되지 못하고 둥글게 되기도 하므로 거리도 줄고 테일이 생겨 매듭이 생기기도 한다. 백 캐스팅을 할 때는 손이 좀 꺾여도 캐스팅 평면을 벗어나지 않으면 좋다. 포워드 캐스팅을 할 때에는 손목이 뒤로 꺾이지 않게 엄지손가락으로 낚싯대를 앞쪽으로 밀어 버텨주어야 한다.

초보자들이 흔히 하는 실수

(1) 백 캐스트나 포워드 캐스트를 시작할 때 확 잡아채듯이 급가속하는 것
(2) 시작에서 멈춤까지 가속이 느려지는 것, 특히 백 캐스팅 할 때
(3) 탁 멈추지 않는 것, 서서히 멈추는 것
(4) 멈추는 위치가 적절치 못한 것(10시 방향 2시 방향을 넘어서는 것)
(5) 백 캐스트 후 라인이 다 펴지기 전에 포워드 캐스팅을 시작하는 것
(6) 포워드 캐스팅을 너무 세게 하는 것
    (이는 라인이 펴진 후 반대로 튀게 된다.)
(7) 스윙 아크가 너무 크고 작은 것
(8) 포워드 캐스팅 시 팔을 앞으로 쭉 뻗는 것
(9) 손목을 많이 쓰는 것
(10) 낚싯대를 도리깨질하듯 휘두르는 것

4. 맨손 동작 연습

맨손 동작 연습은 언제 어디서나 가능하다. 위에서 연습한 동작을 낚싯대를 들었다고 상상하고 맨손으로 하는 연습이다. 캐스팅 동작 자체를 헝클어지지 않도록 습관화하기 위해서는 낚싯대를 들었을 때와 똑같은 자세와 움직임으로 언제 어디서나 연습을 반복하면 된다.

5. 잘못된 캐스팅의 보기

플라이 더하기

낚싯대 끝의 움직임이 둥글게 되어 있다.(옆 사진)

캐스팅이 잘 되려면 백 캐스팅이 잘 돼야 하는데 입문 시에는 특히 잘 안되므로 잘못된 백 캐스팅의 예를 제시한다.

위 사진은 낚싯대를 너무 수평에 가깝게 멈춘 경우이고, 멈추면서 손목이 뒤로 젖혀진 경우이다. 백 캐스팅할 때 팔꿈치를 너무 앞으로 내밀었거나 손목을 뒤로 젖힌 경우가 대부분이다.

플라이 더하기

낚싯대 끝의 움직임이 직선이었다
가 수직에 가깝게 떨어지고 있다.

백 캐스팅의 마지막 부근에서 낚싯대 끝이 수직 이동을 하여 수평 가까이에서 멈춘 경우이다. 백 캐스팅의 마지막 부분에서 팔꿈치를 앞으로 내밀면서 손목도 뒤로 젖힌 경우이다.

플라이 더하기

낚싯대 끝의 움직임이 둥글게 되어
있다.(옆 사진)

낚싯대 끝의 궤적이 직선으로 되지 못하고, 너무 수평에 가깝게 멈춘 경우이다. 앞으로 3가지 예 모두 손목이 뒤로 젖혀지는 것이 큰 영향을 주고 있다(다음 그림 참고).

백 멈춤(○)　　　포워드 멈춤(○)　　　백 멈춤(×)　　　포워드 멈춤(×)

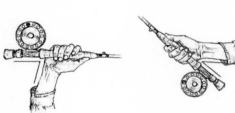

낚싯대가 지나치게 수평으로 되는 것을 방지하는 데는 검지 그립이 도움이 되지만 검지 그립이든 엄지 그립이든 낚싯대가 최대 2시 방향을 넘어 수평에 가까이 가는 것은 좋지 않다.

6. 처음 캐스팅 연습 방법(Basic Casting)

플라이 더하기

동영상

나의 캐스팅이 어떤지를 보기 위해서는 동영상을 찍어 보는 것이 좋다. 교정에 많은 도움이 될 것이다. 반드시 찍어 보기 바란다.

팔꿈치를 옆구리에 가까이해서 턱과 같은 높이의 벽에 못을 박을 때처럼 망치질하듯이 하면 된다. 단지 망치를 들어올릴 때는 천천히 올리지만, 캐스팅할 때는 빠르게 가속하여 들어올려야 한다. 그리고 낚싯대가 10시 방향에서 급히 멈추어야 한다. 앞쪽으로 캐스팅할 때에도 낚싯대가 2시 방향에서 못은 없지만, 급히 멈추어야 한다. 망치질할 때 손목은 쓰지 않으므로 캐스팅할 때에도 손목은 쓰지 않도록 해야 한다. 단지 손목이 앞뒤로 꺾이지 않게 버텨 주어야 한다. 즉 앞쪽으로 캐스팅할 때는 손목이 뒤쪽으로 꺾이는 힘을 받으므로 엄지 손가락으로 낚싯대를 앞으로 밀어주어야 하고 뒤쪽으로 캐스팅할 때는 손목이 앞으로 다소 꺾이더라도 멈추는 순간 바로 잡히므로 크게 영향 하지 않는다. 뒤쪽으로 캐스팅할 때 손목이 뒤로 꺾이는 현상은 좋지 않다. 라인이 뒤땅을 칠 수 있고 라인이 뒤로 뻗어 나아가지 못하게 되어 몹시 나쁘게 되는 원인이 된다. 아무튼, 낚싯대는 10시와 2시에서 멈추어지게 해야 한다.

제3장 롤(Roll) 캐스팅

롤 캐스팅은 백 캐스팅 없이 포워드 캐스팅을 하여 라인이 물 위에 펼쳐지게하는 것으로 4구분 동작 중 처음의 픽업과 백 캐스팅이 없는 캐스팅이다. 뒤쪽에 장애물이 있어 백 캐스트를 할 수 없을 때나 라인이 물 위에 쌓여 있을 때 롤 캐스팅을 하여 라인을 앞으로 펼칠 수가 있다. 실제로 낚시하는 동안 롤 캐스팅을 많이 사용하게 된다. 이 캐스팅은 물에서 해야하고 잔디밭에서는 하지 않는 것이 좋다.

1. 사전 자세

낚싯대를 몸의 바깥쪽으로 약간 기울이고 천천히 아주 천천히 들어 올려 손이 귀 부근까지 움직여가고 낚싯대는 몸의 뒤편으로 45도 정도가 되게 하고 끌려오던 라인이 물의 뒤쪽까지 이동해가도록 기다린다.

라인이 물에 잠기기 시작하는 부분까지 몸 뒤로 이동하여 와서 라인이 뒤로 불룩하게 휘어 내려와야 한다. 라인의 끝부분과 플라이는 어차피 물에 잠겨있거나 물 표면에 있게 해야 한다. 낚싯대를 들어 올리며 라인을 뒤로 끌면 라인과 플라이는 물 표면으로 올라오게 된다. 그래야 플라이가 물의 저항을 적게 받아 앞쪽으로 던져질 수 있다.

2. 가속

포워드 캐스팅 하듯이 팔꿈치를 서서히 당겨 내리면 낚싯대가 앞쪽으로 이동해 가게 된다. 낚싯대가 수직을 지나는 순간부터 강하게 가속하여 낚싯대가 약 45도 정도에서 급히 멈추면 된다. 그러면 라인이 물 위를 미끄러져 끌려오면서 위로 솟구쳐 원을 그리며 앞으로 날아가게 된다. 만일 위치를 바꿀 수가 없고 바람이 오른쪽에서 왼쪽으로 불 때는 낚싯대 끝이 왼쪽 어깨 위에 오도록 기울여서 캐스팅하면 안전하다.

셋업

가속(90도를 지나)

멈춤

멈춤 이후

플라이 더하기

라인이 몸의 왼쪽에서 롤 캐스팅해야 할 경우의 셋업

이렇게 하기 위해서는 오른 팔꿈치를 몸으로부터 약간 벌리면 된다. 바람이 없을 때라도 라인이 몸의 왼편에 뻗어있다면 낚싯대 끝이 왼쪽 어깨 보다 더 왼쪽에 오도록 기울여서 캐스팅하는 것이 안전하다.

낚싯대를 왼편으로 기울임

3. 제시(프리젠테이션)

전과 같은 요령으로 라인 루프가 앞으로 진행되기 시작하면
낚싯대 끝을 낮추어 라인의 앞부분이 물 위에 안착하면서 펴
지도록 하면 좋다.

롤 캐스팅을 해야 할 때

(1) 캐스팅 시작 전 라인을 풀어 펼칠 때
(2) 백 캐스팅할 뒷공간이 없을 때
(3) 뒷바람이 강할 때

제4장 연속 캐스팅
(폴스 캐스팅 ; False Casting)

이것은 픽업해서 프리젠테이션을 하지 않고 백 캐스트-포워드 캐스트를 연속해서 반복하는 것이다.

1. 장소

바람이 없는 넓은 강이나 잔디밭, 앞뒤로 약 30cm 이상 장애물이 없고 양옆 쪽도 여유가 있는 곳이 좋다.

2. 순서

(1) 라인의 11m 지점을 손잡이 위치에 맞추어 쥐고 라인을 편다. 이때 롤 캐스트를 해서 펴도 좋다.

(2) 낚싯대를 약간 옆으로 기울여서 천천히 픽업하고 낚싯대가 45도 정도의 위치를 지날 때 중지하지 않고 연이어 백 캐스트 멈춘 위치(낚싯대가 12~1시)까지 가속한다.

(3) 멈춘 후에는 멈춘 상태를 유지하면서 라인이 뒤로 펴지게 기다린다.

(4) 리더 라인이 다 펴진 후 포워드 캐스팅으로 전환, 멈춘 위치(낚싯대가 앞쪽 약 45도)까지 가속한다.

(5) 멈춘 후에는 그대로 유지하면서 라인이 펴지도록 기다린다. 이때 라인이 펴지는 것이 보이므로 리더 라인이 다 펴진 것을 감지하도록 한다.

(6) 프리젠테이션 하지 않고 리더 라인이 다 펴진 후에 백 캐스트로 전환한다.

이렇게 반복할 때 주의할 것은 멈추는 위치와 캐스팅 전환점이 정확해야 하고 항상 같아야 한다는 것이다. 연속으로 반

③ 라인 뒤로 펴짐   ② 백 멈춤   ① 백 가속

④ 포워드 가속   ⑤ 포워드 멈춤   ⑥ 라인 앞으로 펴짐

복하면서 반복할 때마다 달라지거나 흐트러져서는 안 된다.
연속 3~5번 정도 하고 마지막 회에 포워드 캐스팅을 한 후
프리젠테이션을 해야 한다. 캐스팅하는 동안 플라이는 물에
닿지 않아야 한다.

연속 캐스팅의 횟수 제한

흔히 3회 정도로 제한하는 것이 좋다고 한다. 롱 캐스팅 시합에서도 3번째 포워드 캐스팅 후 슈팅하도록 제한하고 있다. 이유는 횟수는 많이 하면 힘이 빠지고 지쳐서 오히려 거리가 줄어들고 자세도 흐트러져서 올바른 캐스팅이 되지 않을 가능성이 커지기 때문이다.

그러나 반드시 지켜야 하는 것은 아니고 실제 낚시할 때 장소와 경우에 따라 적절하게 하면 된다. 또 횟수를 늘이면 그만큼 플라이가 물에 있는 시간의 비율도 낮아지게 되고 물고기의 경계심도 증가하여 물고기가 낚일 기회도 줄게 된다.

왼손으로 라인을 쥐고

왼손 라인 쥐고
허리 가까이 위치

지금까지는 오른손의 검지와 장지 두 손가락에 라인을 걸고 낚싯대를 쥐고 캐스팅을 하였다. 이제는 왼손으로 라인을 쥐고 오른손은 낚싯대만 쥐고 라인 잡은 손은 사진처럼 왼 팔꿈치는 옆구리에 가까이하고 팔꿈치 앞쪽의 팔은 거의 수평으로 한 자세로 캐스팅을 한다.

백 캐스팅할 때에 낚싯대가 조금 더 휘는 것을 느끼게 될 것이다. 왼손은 가만히 있고 오른손은 왼손으로부터 멀어지므로 라인이 당겨지는 효과가 있기 때문이다. 만일 백 캐스팅을 하는 동안 적절한 시점에 왼손으로 라인을 당겨 내린다면 어떻게 될까? 이것은 뒤에 설명할 더블홀의 기초가 되는 것이니 잘 기억해 두기 바란다.

지금까지는 약 11m 정도의 라인을 사용하여 캐스팅을 하였다. 이 정도 길이의 라인을 사용하여 가속시킬 때는 대강 낚싯대 중간 부분까지 휘는 것이 일반적이다. 물론 낚싯대에 따라 다소 차이는 있을 것이다.

짧은 거리 캐스팅

6~7m의 짧은 거리의 캐스팅은 낚싯대의 끝을 흔드는 정도의 캐스팅을 하면 좋다. 멈춤에서 낚싯대의 끝부분이 휙 휘는 정도면 적절하다. 이렇게 하는 것을 팁 캐스팅이라고 한다. 팔꿈치를 몸의 옆에 고정하고 팔꿈치 앞쪽 팔을 약간 움직여 주면 되며 손목은 쓰지 않도록 한다.

루프(Loop)

루프의 폭은 캐스팅 시 손이 움직인 궤적에 따라 달라진다. 궤적의 원호 반경이 클 때는 좁은 루프가 만들어지고, 작을 때는 넓은 루프가 만들어진다. 좁은 루프는 플라이를 더 먼 거리까지 던질 수 있고, 바람 속에서도 캐스팅을 가능하게 한다.

연속 캐스트의 이용

• 젖은 플라이에서 물을 털어낼 때
• 방향을 바꿀 때
• 연속 캐스팅하면서 라인 길이를 늘일 때

제5장 캐스팅 거리 늘이기

1. 준비

라인을 라인 클리너로 깨끗이 하고 기름을 바른다(Cleaning & dressing). 라인을 거두어들이는 연습을 해야 한다. 이것은 라인이 너무 많이 풀려나가 있어서 캐스팅하기에 라인이 너무 길 때, 일부분의 라인을 거두어들일 때, 또는 물고기가 혹킹되었을 때에 사용하는 방법이다.

사진과 같이 라인을 오른손의 검지와 장지에 걸고 낚싯대를 잡고 왼손으로 라인을 당긴다. 라인을 당길 때는 당연히 오른손의 검지와 장지를 약간 늦추어 라인이 빠져나갈 수 있게 해야 한다. 낚싯대 끝은 낮추어 물을 향하게 한다. 한 번에 약 50cm 정도씩 끌어들이면 된다.

라인 거두어 들이기

2. 슈팅 준비

라인의 11m 지점을 왼손으로 쥐고 왼손과 릴 사이에는 약 2m 정도의 라인이 늘어져 있게 한다(숙달된 후는 약 15~16m로 시작해도 좋다).

준비 자세

3. 슛 방법

지금까지 해 온대로 픽업하여 백 캐스팅하고 포워드 캐스팅 시 평상시보다 약간 더 힘을 가한다. 포워드 멈춤 후 잡은 라인을 놓으면 릴 앞에 처져 있던 라인은 미끄러져 나가게 된다. 그러면 왼손과 릴 사이에 늘어져 있던 라인이 당겨져 나갈 것이다. 라인이 다 펼쳐짐과 동시에 낚싯대 끝을 낮추면 자연스럽게 프리젠테이션이 된다.

4. 연속 캐스팅과 슈팅

릴과 라인을 잡은 손 사이에 약 3m 정도의 라인을 앞에 늘어지게 해 놓고 픽업, 백 캐스팅, 포워드 캐스팅 시 약 50~60cm 정도 슈팅하고, 두 번째 백 캐스팅, 포워드 캐스팅 시 80~90cm 정도 슈팅하고, 세 번째 포워드 캐스팅을 할 때에 마지막 나머지를 모두 캐스팅하면 된다.

포워드 캐스트와 슈팅에 따라 라인의 길이가 늘어나게 되고 이에 따라 스트록도 조금씩 더 크게 해야 한다. 기다리는 시간이 조금씩 늘려야 할 것이다. 그리고 왼손은 줄을 쥐었다 풀었다를 캐스트와 함께 잘 맞추어서 해야 한다. 이 연습을 자주하여 익히면 한 번에 던지는 길이를 더 길게 할 수 있게 되고 20m 또는 그 이상도 플라이를 날리는 것이 가능하게 된다. 라인 길이가 늘어남에 따라 낚싯대의 휘는 부분도 점점 늘어난다. 숙련되면 이 길이도 늘이면 된다.

5. 테일링 루프

포워드 캐스트 멈춤 후 라인이 쭉 펴지지 못하고 플라이 달린 라인 부분이 낚싯대에서 뻗은 라인의 밑으로 처져 고리 모양이 만들어지는 것을 말한다.

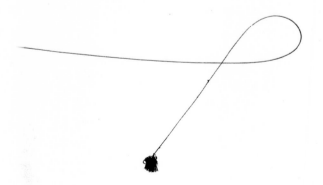

테일링 루프

플라이 더하기

테일링 루프가 생기는 원인

백 캐스트 멈춤 후나 포워드 캐스트 멈춤 후에 라인이 다 펴지기 전에 다음 스트록을 시작할 때, 확채듯이 급가속할 때.
스윙 아크가 60~70도 정도로 너무 좁을 때(최소 90도는 넘어야) 캐스팅 시 손의 움직임이 수평에 가까운 직선일 때(테일링 루프는 캐스팅 시 가장 바람직하지 못한 형태이다).

테일링 루프가 생기는 원인은 한 두 가지가 아니지만 여기서는 중요한 것만 간단히 설명하겠다. 주로 캐스팅과 관련이 된다. 캐스팅할 때의 조건에 따라 바람의 영향도 있을 수 있다. 가장 큰 원인은 캐스팅할 때에 낚싯대를 쥔 손의 움직임이 직선적이고 수평에 가까울수록 테일링 루프가 만들어지기 쉽다.

캐스팅할 때에 낚싯대 끝의 이동 궤적이 오목하게 되었을 때 테일링 루프가 만들어지기도 한다. 이것은 캐스팅 아크가 작을 때에 발생한다. 낚싯대를 확 잡아 챌 때에도 이런 현상이 생긴다. 낚싯대의 가속 상태가 좋지 않을 때에도 발생할수가 있다. 또 라인이 다 펴지기 전에 너무 일찍 백 전환, 로워드 전환을 해도 테일링 루프가 생긴다.

이러한 조건들이 단독 혹은 조합되어 테일링 루프가 발생되고 매듭을 만들게 된다. 매듭은 라인을 쉽게 터지게 하는 원인이 된다.

플라이 더하기

테일링 루프를 해소하는 방법

백 캐스트나 포워드 캐스트를 천천히 부드럽게 가속하는 것과 손의 움직임을 대각선 방향으로 원운동을 하는 것(수평으로 죽 뻗는 것은 피할 것).
백 캐스트 멈춤에서 약간 상승했던 팔꿈치를 옆구리 쪽으로 원위치 시키면 된다.

테일링 발생 원인

제6장 바람이 있을 때의 캐스팅

1. 가로지르는 바람이 있을 때

왼쪽에서 부는 바람이 있을 때 바람이 비교적 약할 때는 바람에 날리는 만큼 바로잡아 캐스팅하면 된다. 바람이 강하면 낚싯대를 옆으로 눕혀서, 수평에 가깝게 하여 캐스팅하고 루프를 좁게 해야 한다.

팔꿈치 위쪽의 팔을 몸에 붙이고 팔꿈치 앞의 팔은 거의 수평에 가깝게 하여 위쪽 팔이 회전의 중심이 되게 하여 앞 팔이 부채꼴을 이루도록 움직이면 된다. 이때 캐스팅 아크는 좁게 해야 하고 몸이 회전하지 않게 주의해야 한다.

바람이 오른쪽에서 불고 비교적 약할 때는 사이드 캐스팅을 하면 되고, 바람이 강할 때는 낚싯대 끝이 왼쪽 어깨 위에 오도록 하여 캐스팅하면 된다. 이때 스트로크는 동일 평면상에서 이루어져야 하고 회전하면 안 된다.

그리고 라인의 길이는 캐스팅이 잘 되는 길이의 범위에서 되도록 짧게 하는 것이 좋다.

2. 맞바람이 있을 때

바람을 향하여 캐스팅을 해야 하므로 상당한 제약을 받게 된다. 좁은 루프를 만들어야 하고 낮게 물의 표면 쪽으로 캐스팅한다. 라인 길이를 가능한 한 짧게 하고 포워드 캐스팅할 때 평소보다 힘을 더 가한다. 라인에 전달되는 힘이 약하면 플라이가 아래로 처져서 테일링 루프를 만들게 되고, 이것은 매듭을 만들게 된다. 바람의 속도는 땅 표면에 가까울수록 느리기 때문에 낚싯대를 옆으로 하여 사이드 캐스팅을 하는 것도 한 방법이 될 것이다.

　바람이 불 때는 테일링루프가 만들어지기 쉽고, 이로 인해 매듭이 생기고, 플라이나 라인이 몸이나 머리를 때리고, 낚싯대도 때리고 이것은 라인을 심하게 엉키게 하므로 매우 조심해야 한다.

3. 뒷바람이 있을 때

　롤 캐스트를 하는 것이 효과적이다. 평소보다 낚싯대를 더 뒤로 해서 캐스팅하는 것이 좋다. 바람이 강하면 백 캐스트를 평소보다 더 낮게 하고 포워드 캐스트는 좀 높게 하는 게 좋다. 사이드 캐스트를 하는 것도 한 방법이다.

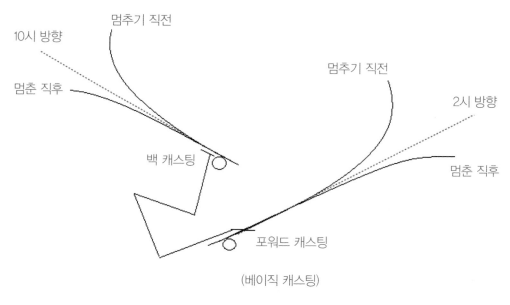

멈춘 전후 낚싯대의 휨

제7장 더블홀(Double Haul)

플라이 더하기

더블홀이 필요한 때
① 일반적으로 15m 정도의 라인을 펴서 캐스팅을 시작할 때
② 20m 이상 캐스팅할 때

더블홀(Double Haul)은 속도를 증가시켜 루프가 이동해 가는 속도를 높여 플라이를 더 멀리 날아가게 하는 것이다. 포워드 캐스팅이나 백 캐스팅을 하는 동안 라인 쥔 손이 라인을 힘있게 당겨 가속도를 더 높이고 낚싯대도 더 많이 휘게 하는 것이다.

이때 왼손과 오른손은 정확하게 보조를 잘 맞추어야 하고 동작의 타이밍도 적절해야 한다. 따라서 처음에는 왼손의 동작 범위를 작게 하여 연습하는 게 바람직하고, 보조 맞추기와 타이밍이 잘 맞게 할 수 있을 때의 손의 동작 범위를 크게 하는 것이 좋을 것이다.

더블홀은 먼거리 캐스팅이나 강한 바람이 있을 때 사용하며 슈팅과 결합해서 사용한다.

> **더블홀을 쉽게 하는 방법**
>
> 캐스팅 스트로크 전 구간을 통해서 하고 홀(당김)의 속도는 캐스팅 속도와 동기시키면 된다. 즉, 캐스팅 스트로크를 천천히 시작할 때는 홀도 천천히 시작하고, 로드를 가속할 때는 홀도 가속하고 로드를 멈출 때는 홀도 멈추면 된다. 긴 라인을 던지기 위해 캐스팅 스트로크를 크게 할 때는 홀도 크게 하면 된다.

1. 맨손 몸동작

매우 느린 동작으로 양손의 움직임을 익혀야 한다. 오른손
은 포워드 캐스트 멈춤 위치의 자세를 취하고 낚싯대는 45도
를 유지한다고 상상한다. 왼손은 오른손 보다 약간 낮은 위치
(5~10cm)에 있게 한다. 이 자세가 더블홀(Double Haul)을
시작하는 자세이다.

오른손은 평소처럼 백 캐스트 하고 동시에 왼손은 당겨 내
린다. 상상의 라인을 당겨 내리는 것이다(50~60cm). 이때
왼손의 이동은 낚싯대의 연장선과 가까운 것이 좋다. 앞에서
연습한 대로 백 캐스트는 천천히 시작하여 가속 멈춤, 왼손도
이와 보조를 맞추어 천천히 가속하다가 오른손과 동시에 멈
춘다. 그리고 멈춘 위치를 그대로 유지하면서 라인이 펴지도
록 기다린다.

① 출발점

② 백 캐스팅과 동시에 왼손을 당겨 내림

오른손은 그대로 유지하면서 왼손을 아래로 가져간다(약 5~10cm 아래 위치). 이는 왼손의 새로운 위치이다. 기다린 후 포워드 캐스트를 하면서 동시에 라인 쥔 손을 당겨내려 오른손과 약 50~60cm 떨어지게 한다.

요령은 천천히 시작하여 가속하고 멈추고, 사진과 같이 양손은 동시에 보조를 맞춘다. 즉 왼손의 당기는 시간은 포워드 캐스트와 정확히 동시에 당겨야 한다.

포워드 캐스트 멈춘 후 오른손은 고정하고, 왼손은 오른손 아래로 가까이 가져간다. 더블홀(Double Haul)을 시작할 때의 처음 자세로 돌아간 것이다. 원활히 될 때까지 반복 연습한다.

③ 오른손은 고정,
왼손만 오른손 쪽으로 이동

④ 포워드 캐스팅과 동시에
왼손을 당겨 내림

⑤ 왼손은 오른손 밑으로

2. 낚싯대 쥐고 연습

맨손 동작 연습 때처럼 같은 요령으로 하면 된다. 원활하게
되도록 반복 연습한다.

① 시작 위치

② 백 캐스팅과 동시에
왼손을 당겨 내림

③ 왼손을 오른손 아래로

④ 포워드 캐스팅과 동시에
왼손을 당겨 내림

⑤ 왼손은 시작 위치로

3. 라인과 함께 연습

낚싯대에 라인을 걸고 오른손에는 낚싯대를 들고 왼손은 라인의 약 11m 지점을 쥐고 라인을 앞으로 펴고(물론 이때 낚싯대 끝에 라인을 풀어놓은 상태), 릴과 왼손 사이에는 약 2m 정도 라인의 여유가 있어야 한다. 라인을 꼭 쥐고 더블홀을 시작한다. 낚싯대가 더 휘는 것을 느낄 것이다. 휘었던 낚싯대가 멈춤과 동시에 펴지면서 라인을 더 빠르게 던질 것이다. 라인이 펴지는 방향으로 줄이 당기는 느낌을 받을 것이다. 연속 동작으로 원활하게 되도록 반복 연습한다. 이때 중요한 것은 멈춘 후에 라인이 끌려나가게 해야 한다.

① 백 캐스트 시작   ② 양손이 동시에 위로 이동

③ 백 캐스트 반대 방향으로
라인을 당긴다

④ 백 캐스트와 싱글홀

⑤ 로드는 움직이지 않고
왼손 리셋

⑥ 포워드 캐스트 시작과 함께
라인도 당기기 시작

⑦ 포워드 캐스트와 포워드 홀
동시에 멈춤

⑧ 왼손 리셋

4. 라인 길이 늘이기

더블홀을 연속으로 하면서 왼손이 오른손에 가까이 왔을 때 (왼손 리셋)에 잠깐씩 라인을 놓아 라인이 왼손가락 사이로 미끄러져 나가도록 하고, 또 잡고 연속하면 라인을 늘려나갈 수 있다.

백 캐스트 멈춘 후 왼손 리셋 후 라인을 놓아
50~60cm 정도 라인이 미끄러져 나가게 한다.

포워드 멈춘 후 왼손 리셋 후 라인을 놓아
50~60cm 정도 라인이 미끄러져 나가게 한다.

5. 더블 홀링과 슈팅

연속 더블 홀링이 편안히 된다면 마지막 포워드 캐스팅 멈춘 후에 라인을 놓아 보면 왼손 뒤쪽에 있던 라인이 힘차게 앞으로 딸려 나아가는 것을 볼 수 있다. 이렇게 하는 것이 더블홀과 결합한 슈팅이다. 실제로 낚시할 때에 많이 사용되는 기술이다. 눈 감고도 잘할 수 있도록 반복 연습이 필요하다.

※ 백 캐스팅할 때에도 포워드 캐스팅할 때처럼 라인이 딸려 나아가며 펴질 수 있게 해야 한다.

제8장 응용편

지금까지는 캐스팅의 기본기에 대하여 연습하였다. 이제부터는 이 기본기에 약간의 변형을 가하거나 보탬으로써 실제 낚시할 때에 당면하는 여러 가지 환경에 대응하여 캐스팅하는 방법에 대하여 연습해 보도록 하겠다.

1. 먼 거리 던지기(Long Casting)

이것은 기초가 충분히 숙련된 후에 시도해야 한다. 플라이를 멀리 던지기 위해서는 라인에 더 많은 에너지를 전달해야 한다. 그러기 위해서는 낚싯대의 끝이 라인을 끌어주는 시간을 길게 해야 하고, 가속도를 크게 해야 한다. 그러기 위해서는 낚싯대 끝의 이동 거리를 크게 해야 한다.

이것은 손의 움직임을 크게 해야 한다는 것이며 낚싯대의 멈춤 위치가 더 수평에 가깝게 해야 한다. 또 루프를 좁게 만들어지게 하여 라인에 전달된 에너지가 분산되지 않게 해야 한다.

지금까지 연습한 것으로는 15~16m 정도 플라이를 날리는 것이 가능하였을 것이고 더블홀을 추가함으로 3~4m 정도 더 거리를 늘려 합이 18~20cm 정도는 플라이를 날리는 것이 가능할 것이다. 이때 낚싯대는 아마 중간쯤까지 휘었을 것이다. 이보다 더 긴 캐스팅을 하기 위해서는 더 긴 라인을 펼쳐서 캐스팅을 해야 한다.

1-1 긴 라인 다루기

플라이를 더 멀리 던지기 위해서는 더 긴 라인을 다루어야 한다. 우선 슈팅이나 더블홀을 하지 않고 던질 수 있는 가장 긴 라인 길이를 찾아본다. 낚싯대 끝이 직선으로 움직이고,

좁은 루프를 만들고, 가속이 부드럽고 원활하고, 스프링 백이 안 생기고, 이런 상태에 라인을 조금씩 늘려 가속 시 낚싯대가 손잡이 부근까지 휘도록 한다. 이때의 라인 길이를 왼손으로 쥔다.

낚싯대의 굵은 밑부분까지 휘게 하는 정도 길이의 라인을 다루려면 캐스팅 스트로크를 더 늘리고, 팔꿈치도 올렸다 내렸다 해야 하고, 더 멀리 움직여야 하고, 낚싯대의 멈춤의 위치도 더 수평 쪽으로 이동해야 한다. 에너지가 상당히 소요된다.

낚싯대 전체가 휘어짐

1-2 더블홀 추가

긴 라인 다루기가 잘 되면 여기에 더블홀을 추가하여 슈팅을 하면 25m 이상을 던지는 것이 가능할 것이다.

수평에 더 가까워진 백 멈춤

수평에 더 가까워진 포워드 멈춤

2. 실전에서의 라인 모양 변경

지금까지는 캐스팅에서 라인을 직선으로 펼쳐 왔지만, 물의 흐름과 낚시인과의 상대적인 방향, 위치, 어종 등으로 라인을 직선 이외의 다른 모양으로도 물 위에 펼칠 필요가 있다. 포워드 캐스팅 멈춘 후 라인이 물위에 떨어지기 전에 낚싯대를 움직임으로써 필요한 라인 모양이 만들어진다.

2-1 S라인 만들기

포워드 멈춤 후 라인이 물 위에 떨어지기 전에 낚싯대를 좌우로 좁게 흔들면 라인이 물 위에 구불구불하게 펼쳐진다. 이것은 강이나 시냇물, 계곡 등에서 하류 쪽을 보고 서서 플라이를 물의 흐름에 따라 자연스럽게 흘릴 때 사용한다. 라인이 직선으로 펴질 때까지 물의 흐름을 타게 된다. 플라이는 물고기가 있는 곳보다 조금 상류 쪽에 떨어지게 한다.

S라인 만들기

2-2 리치 캐스트(Reach Cast)

포워드 캐스트 멈춘 후에 곧바로 낚싯대를 정면과 60도 정도 빠르게 회전 이동시켰다가 빠르게 제위치로 복원시킨다. 오른쪽으로도 왼쪽으로도 가능하다. 플라이는 물고기의 상류 쪽에 떨어지게 해야 한다. 플라이가 라인과 일직선 상에서 흐르지 않게 할 때 사용한다. 많은 연습이 필요하다.

2-3 커브 캐스트(Curve Cast)

모퉁이(Corner)로 플라이를 날릴때 사용하며, 약간 센 힘으로 사이드 캐스트를 함으로 이루어진다. 좌우로 가능하다.

2-4 스킵 캐스트(Skip Cast)

사이드 캐스트를 하여 나무나 장애물 사이의 수면 위로 플라이를 던져 넣는 캐스팅이다. 배스 낚시를 할 때 자주 사용한다.

캐스팅에서 항상 유념해야 할 사항

* 백 캐스팅은 들어 올려 세우고 이때는 팔꿈치가 픽업 마지막 때보다 약간(7~10cm) 들린다. 포워드 캐스팅할 때는 팔꿈치를 원래대로 가져오면서 동시에 접었던 팔을 낚싯대가 45도 정도 되게 펴면 된다.
* 백 캐스팅 멈춤은 1시 방향을 목표로 2시 방향보다 더 넘어가지 않게 한다.
* 캐스팅할 때는 반작용 때문에 손이 캐스팅 반대 방향으로 밀리면 안 된다. 그러기 위해서는 캐스팅 방향으로 손목에 힘을 가하여 버텨야 한다. 포워드 시에는 엄지손가락으로 대를 민다.
* 낚싯대 끝을 가속시켜야 한다. 천천히 시작해서 멈출 때까지 낚싯대 끝이 직선으로 움직이게 해야 한다.
* 낚싯대의 궤적이 이루는 평면이 휘면 안 된다. 즉 손의 움직임이 돌면 안 된다.
* 멈춤의 위치는 2시 방향, 10시 방향을 넘지 않는 것이 좋다.
* 멈춤 후에는 라인이 다 펴지도록 기다렸다가 방향 전환을 한다.
* 백 캐스팅 시는 낚싯대 쥔 손의 높이가 높아졌다가 멈추어야 한다. 어느 시점에서 손이 수평 이동하거나 높이가 낮아지면 안 된다. 손목이 뒤로 꺾어져도 안 된다.

　낚싯터를 다니며 많은 사람의 여러 가지 형태의 캐스팅을 눈여겨봐 왔다. 비디오를 보아도 내용이 다른 부분이 많이 보여서 무엇이 옳은지 혼란스러웠다. 그래서 얻은 결론이 몸에 손상이 오지 않고 필요한 거리를 낼 수 있고 정확도가 유지되는 편안한 캐스팅이면 될 것이라고 생각했다.
　기초 캐스팅에 숙달된 이후에는 자신에게 맞는 스타일을 찾기 바란다. 초보자들에게 많은 도움이 되었으면 한다.

제3편 플라이 타잉(Fly Tying)

1. 그리피스 넷
2. 파트리지 웨트
3. 스트리머
4. 엘크헤어 캐디스
5. 피전트 테일 님프

플라이 더하기

플라이의 종류

플라이를 제조 판매하는 회사의 카탈로그를 보면 2,000여 종의 플라이가 수록되어 있다.

플라이 더하기

타잉 재료와 순서, 방법

타잉 순서와 방법은 결과물은 같아도 사람마다 다를 수 있다. 가능하면 작업이 간단하고 작업량이 작은 쪽이 좋다고 생각한다. 재료도 경험에 따라 약간씩 다를 수 있다.

플라이 낚시인들의 또 다른 재미는 플라이를 타잉하는 것이라 할 수 있다. 자신이 만든 플라이로 물고기를 낚는 즐거움이 색다른 느낌을 주기 때문이라 생각한다. 그리고 얼마든지 창작도 가능하다. 여기서는 우리나라에 흔한 어종에 적용할 수 있는 5종 정도의 타잉을 소개한다.

1. 그리피스넷(Griffith's Gnat)

① 주 대상 어종: 피라미, 갈겨니. 끄리도 가끔. 주로 여울에서 사용.
② 재료:18번~22번 훅(Hook). 검정실. 피콕 헐(Peacock herl), 그리즐리(Grizzly).
③ 타잉 순서

바늘에 바늘귀에서부터 검정실을 감은 다음 피콕헐과 그리즐리를 같이 묶고 실은 귀 쪽으로 감아 두고 피콕헐을 감아 귀 쪽에서 실로 감아 마무리한 다음 그리즐리를 감고 휩피니셔로 마무리하면 된다. 약간의 접착제를 칠해두면 실이 풀릴 염려가 없어서 안전하다. 14번 훅이나 16번 훅을 사용해서 같은 방법으로 타잉하면 송어 낚시에 사용하는 송충이 훅이 된다. 재료는 경험과 취향에 따라 변경할 수도 있다.

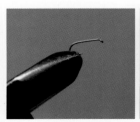 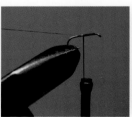 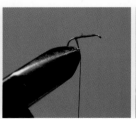 

  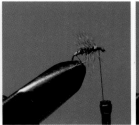 

* 그리피스넷만 있으면 우리나라 어디를 가나 피라미, 갈겨니는 잘 낚인다.

2. 파트리지 웨트(Partrige wet)

① 주 대상 어종: 송어, 산천어, 끄리. 주로 여울에서 사용.
② 재료: 12번~16번훅, 주황색실, 파트리지가 기본이고 몸통
  에 파란색 플레쉬보우(Flashabou) 감기도 한다.
③ 타잉 순서
  실을 귀 쪽에서 감기 시작 다시 감아 와서 귀 쪽에 두고 파
  트리지의 끝부분을 매어서 헤클 플라이어(Hackle Pliers)
  를 사용하여 감고 휩피니셔로 마무리 하면 된다. 깃털의
  한쪽 부분을 제거해서 감기도 한다.

플라이 더하기

소형 파트리지 웨트 플라이

사진 6번과 같이 14번 훅이나 16번
훅을 사용하여 작게 타잉한 파트리
지 플라이는 여러 어종이 입질한
다. 따라서 탐색용으로 사용하기도
한다. 피라미, 갈겨니, 끄리, 산천
어, 송어, 쏘가리 등

3. 스트리머(Streamer)

① 주 대상 어종: 끄리. 강준치(야행성). 누치 주로 여울에서
사용.(요즘 끄리는 입맛이 변했는지 스트리머 보다 파트
리지 웨트에 잘 덤빈다.

② 재료: 8번~14번 혹, 흰색 갈색 검정색 등의 실, 흰색, 은
색, 금색 UV재료 등 다양한 재료를 사용할 수 있고 비드
나 물고기 눈 모양 등을 사용하기도 한다. 사진의 스트리
머는 흰색 터키플렛(Turkey Flats white)을 사용한 것이
다.

③ 타잉 순서

바늘귀에서부터 실 감고 UV재료로 실에 더빙하여 귀 쪽
으로 돌아온 다음 터키플렛의 깃털 중 솜털 부분을 붙이
고 깃털 끝부분을 잘라 붙여 실을 감은 후 마무리하면 된
다. 강준치를 낚을 때는 비드나 와이어(Lead Free Round
Wire))를 감아 무게를 주는 것이 조과가 좋다. 표면층 물
고기이지만 약간 가라앉는 쪽이 조과가 좋다.

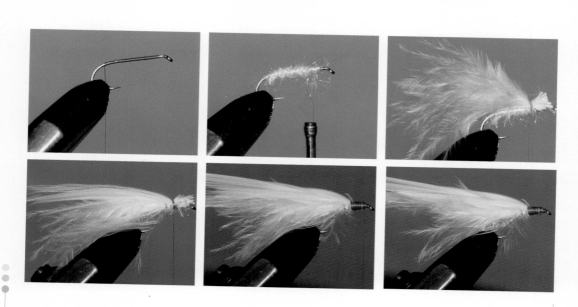

4. 엘크헤어 캐디스(Elk hair Caddis)

① 주 대상 어종: 피라미, 갈겨니, 산천어, 송어, 열목어 등
   해질녘에 라이즈(Rise)하는 광범위한 어종.

② 재료: 12~18번 훅, 갈색실, 갈색 더빙(Dubbing)재, 루스
   터 네크(Rooster Necks), 엘크헤어(Elk body hair)

③ 타잉 순서
   실 감고 갈색 더빙재 감은 다음 루스터 네크 깃털 감고 엘
   크헤어 붙이고 마무리 한다.

* 여러 가지 크기의 훅을 사용하여 타잉 하며 해질녘 물고기가 라이즈 할
  때는 어종에 맞는 크기의 훅을 사용하면 다양한 어종에 사용할 수 있다.

5. 피전트 테일 님프(Pheasant tail nymp)

① 주 대상 어종: 열목어, 송어, 눈불개(여울에서) 등
② 재료: 비드, 와이어(Lead Free round wire), 수꿩 꼬리털
   (Pheasant Tail), 피콕 헐(Peacock Herl), 구리선
③ 타잉 순서

   비드끼우고 라운드 와이어 감고 꿩 깃털과 구리선 붙이고
   깃털 자르고 피콕헐 붙혀 감아 몸통 만들고 몸통에 구리선
   감고 또 꿩 깃털 감아 젖혀서 자르고 앞쪽 깃털을 사진처
   럼 정리 마무리하면 된다.

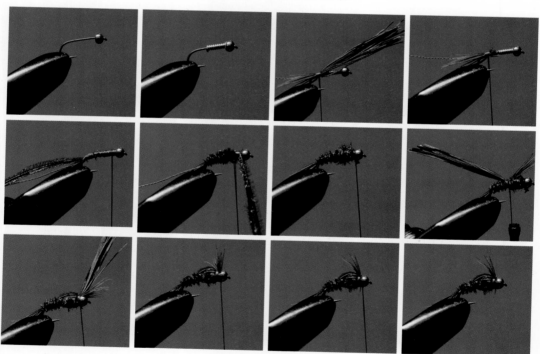

* 비드와 라운드 와이어는 무게를 주기 위한 것이므로 두 가지 중 한 가
  지만 사용 할 수도 있고 두 가지 다 사용 안 할 수도 있다. 여울의 물흐
  름 속도에 따라 흐름이 빠를수록 무겁게 한다.
* 라운드 와이어는 과거에는 납을 사용했으나 중금속의 해로움 때문에
  납 성분이 없는 것을 사용하기 바란다. 플라이 샵에서 Lead Free 제품
  들을 판매하고 있다.

타잉한 플라이

*휩피니셔(Whip finisher) 사용법

타잉 마지막에 실이 풀어지지 않게 묶을 때 사용하는 도구이다.

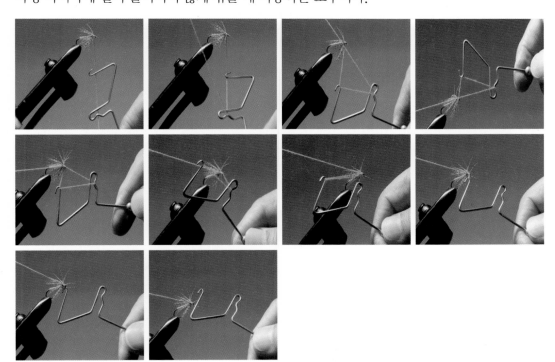

*타잉 재료에 대하여

타잉 재료의 종류는 너무 많으므로 한 번에 갖추기는 어렵고 필요한 것들부터 조금씩 갖추는 것이 좋다고 생각한다. 너무 지나치지 말고 자제하는 것이 필요하다.

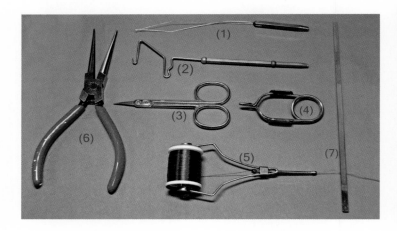

*타잉 도구(Tying tool)

타잉을 할 때 사용하는 도구로 다양하지만 아래 사진에는 최소한 필요한 것들이다.

(1) 보빈쓰레더(Bobbin Threader)

보빈홀더에 실을 걸기 위한 도구

(2) 휩피니셔(Whip Finisher)

타잉 마지막에 풀어지지 않게 실을 감아 묶는 도구

(3) 가위

타잉할 때에 실이나 타잉 재료의 불필요한 부분을 자르는 도구

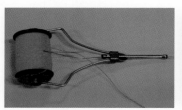
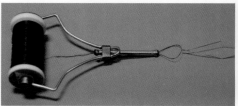

(4) 헤클 플라이어

　　짧은 헤클을 감을 때 찝어서 감는 도구. 파트리지 등

(5) 보빈홀더(Bobbin Holder)

　　실패를 걸어 실을 감기 쉽게 하는 도구

(6) 롱 노스 플라이어(Long Nose Plier)

　　이빨이 없는 것으로 미늘을 늘려주기 위한 도구

(7) 줄

　　미늘을 갈아 없애기 위한 도구

* 6번, 7번은 일반적으로 플라이샵에서는 팔지 않는다(개인 취향).

* 매듭

　낚시에 사용하는 매듭은 여러 가지가 있지만 여기서는 간단하며 매듭의 크기가 작고 잘 풀리지 않아 라인 간 연결과 바늘 매는데 사용할 수 있는 매듭 한 가지를 소개한다. 라인이 급하게 꺾이는 부분이 없어서 잘 터지지 않는 이점도 있다. 리더 라인과 티펫 라인의 연결에 사용하면 리더 라인을 좀 더 오래 사용할 수 있다. 리더 라인은 자르지 않고 티펫 라인만 잘라 제거하면 되기 때문이다. 또 훅을 매는 데에도 사용할 수 있고 다른 방법보다 더 튼튼하다.

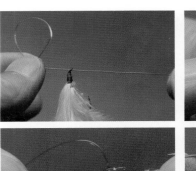

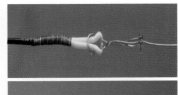

매듭 만드는 순서

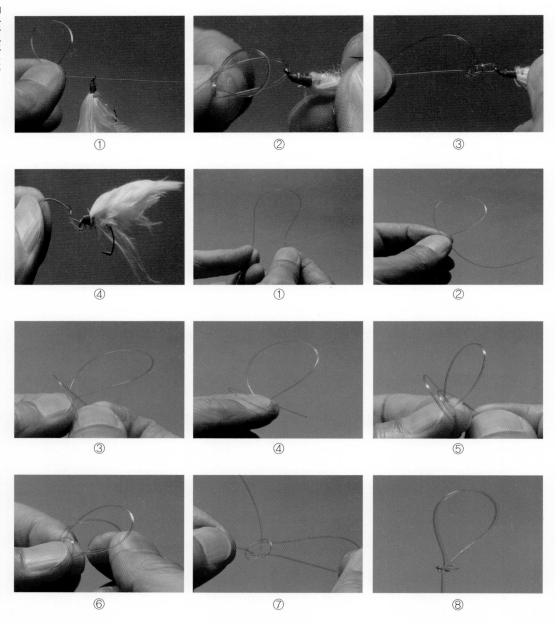

① ② ③

④ ① ②

③ ④ ⑤

⑥ ⑦ ⑧

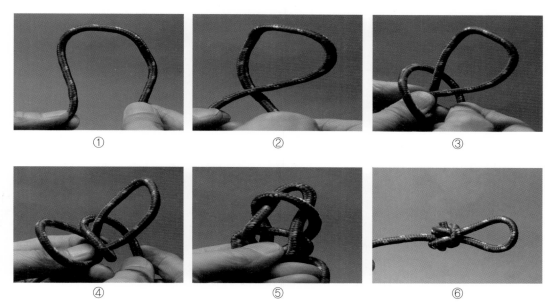

①   ②   ③

④   ⑤   ⑥

제4편 플라이 낚시 실전

플라이 더하기

힙부츠의 안전성

무릎보다 깊은 곳은 절대로 들어가지 않아야 한다. 힙부츠에 물이 차면 헤엄칠 능력이 상실된다.

플라이 더하기

낚시채비 순서

① 대상 물고기 선정
② 플라이 선택
③ 티펫 라인 선택
④ 리더 라인 선택
⑤ 플라이 라인 선택
⑥ 낚싯대 선택

블거지(피라미 수컷)

1편과 2편을 통하여 장비와 캐스팅에 대해 알아보았다. 이제는 실전하며 캐스팅을 더욱 발전시켜야 하겠다.

물론 낚시의 묘미도 즐기면서 새로운 낚시터도 발굴하고, 낚시는 해 보아야 그 맛을 알 수 있다. 이편에서는 입문자들을 위하여 몇몇 어종에 대한 장비와 방법, 적절한 플라이 낚시 요령 낚시터 등에 관하여 기술하였다. 낚시터의 상황은 장마 등의 영향으로 항상 변하고 있음을 유의해야 한다. 물고기들은 수온을 따라 이동함을 생각해야 하며, 물의 흐름을 잘 이용해야 한다.

낚시 실전에서 캐스팅 요령

절대로 물고기가 있는 곳에 직접 캐스팅하지 말 것. 라인 안착 소리와 물 파장 때문에 다 도망간다. 반드시 물고기로부터 2~3m 정도 또는 장소와 물흐름에 따라 그 이상 떨어진 곳에 캐스팅하여 물의 흐름에 의해 플라이가 물고기에 접근하도록 해야 한다. 이때 반드시 지켜야 할 사항은 플라이의 움직임이 물이 흐르는 속도와 같게 되게 해야 한다. 드렉이 걸리든지 하여 플라이의 움직임이 물의 속도보다 빠르게 되면 절대로 입질 안 한다. 이는 어떤 플라이든지 같다. 여울에서 웨트 낚시를 할 때는 캐스팅 후 낚싯대의 위치를 잡은 후 낚싯대를 움직이면 안 된다. 여울에서 님핑을 할 때는 님프가 물의 속도로 움직일 수 있도록 물흐름 따라 낚싯대를 이동시키기도 한다.

1. 피라미 플라이 낚시

피라미는 우리나라의 맑은 시냇물이나 강에서 널리 분포하고 있는 어종이다. 7~18cm 정도가 주로 낚이고, 1번대나 2번대로 낚는 손맛도 제법이다.

장비

낚싯대 : 1~2번 낚싯대, 1~2번 라인, 6X 리더 라인,
　　　　7X 티펫 라인

플라이 : 18~22번

플라이 더하기

체스트 웨이더 착용 시

항상 허리의 벨트를 조이고, 깊은
곳에 빠졌거나 넘어졌을 때, 물이
들어오지 않게 해야 한다.
또 웨이더 속의 공기는 어느 정도
부력을 유지해 주기도 한다.
만일 물이 차서 움직임이 어려워졌
을 때는 찢어야 한다(비상용 잭나
이프 휴대).

드라이 플라이(왼쪽 2개), 님프 플라이(오른쪽 3개)

요령

흐름이 있는 여울에서는 플라이를 묶어서 6~10m의 라인
을 흐름과 30~40도 각도로 던져 흐름을 타게 한다. 라인이
다 펴질 무렵 입질이 온다. 별도의 라인 콘트롤이나 챔질은
안 해도 된다. 시작 위치는 라인이 흐름을 타고 다 펴졌을 때
플라이가 위치한 지점부터 오른편 왼편 번갈아 캐스팅한다.
뜸하면 2m 정도 하류로 이동하면서 같은 요령으로 하면 된
다. 캐스팅 후 낚싯대 위치를 잡은 다음에는 낚싯대를 움직이
지 말아야 한다. 여울에서는 리트리브하지 않는 쪽이 조과가
좋다.

플라이 더하기

피라미 채비에 40cm
누치가 걸리면

걸리는 순간 툭 하고 7X 티펫이 힘
한 번 못 쓰고 터진다. 최소 6X는
되어야 시간을 끌 수가 있다.

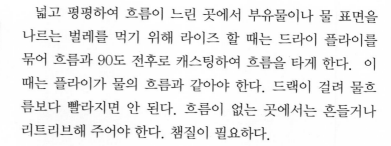

플라이 더하기

드랙

라인이 빠른 물살에 끌려가는 현상으로 라인이 U자 모양으로 휘어 끌려가며 이는 플라이를 물의 흐름보다 더 빠르게 끌고 가게 한다.

넓고 평평하여 흐름이 느린 곳에서 부유물이나 물 표면을 나르는 벌레를 먹기 위해 라이즈 할 때는 드라이 플라이를 묶어 흐름과 90도 전후로 캐스팅하여 흐름을 타게 한다. 이 때는 플라이가 물의 흐름과 같아야 한다. 드랙이 걸려 물흐름보다 빨라지면 안 된다. 흐름이 없는 곳에서는 흔들거나 리트리브해 주어야 한다. 챔질이 필요하다.

시기
연중 가능하며, 4~7월 중순까지 많이 낚이는 시기이다.

플라이 더하기

반드시 플라이는 움직여야 한다

정지하고 있는 플라이에는 고기가 덤비지 않는다. 따라서 반드시 플라이를 움직이게 해야 한다.
그러기 위해서는 물의 흐름을 이용하기도 하고, 라인을 끌어주는 액션(리트리브)이 필요하게 된다.

장소
지도는 모곡 유원지 상, 하류 여울이다. 이곳은 4월 하순부터 5월까지는 끄리도 낚이며, 4월 하순 날짜와 시간을 잘 택하면 누치도 낚인다.

이 외에도 가평천 하류 철교 주변의 여울에서 상류 쪽 첫 번째 보 아래(엽광교 하류), 현리 산골 유원지 주변, 벽계 구곡 등 맑은 여울은 모두 적합한 장소라고 해도 과언이 아닐 것이다.

필자는 1번 플라이 채비를 늘 휴대하고 다니며 오다가다 맑은 여울만 있으면 시간이 허락하는 한 언제든지 캐스팅을 하곤 한다.

플라이 더하기

리트리브

저수지 등 흐름이 없거나 느린 곳에서 낚시할 때나 어종과 환경에 따라서 라인을 조금씩 끌어서 플라이에 움직임을 주기 위한 행동이다.

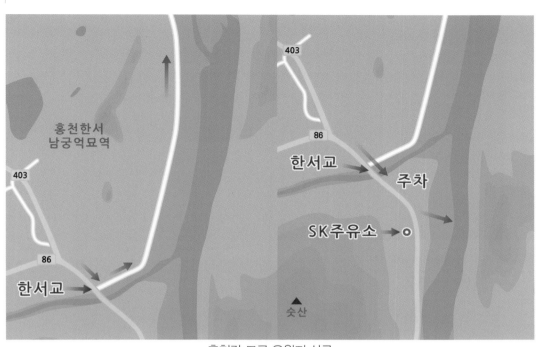

홍천강 모곡 유원지 상류

플라이 더하기

물속에서이동방법

움직인 발이 안전하게 자리잡은 후 다른 발을 옮겨야 한다.

플라이 더하기

물의 흐름을 이용할 때

대부분 리트리브하지 않는 편이 조과가 좋다. 라인의 끝부분에서 약간의 드랙이 걸리도록 하였다가 라인이 펴지게 하는 것이 좋다.

라인이 다 펴졌을 때 입질이 오기 때문이다(드라이 플라이는 제외).

여울의 송어, 산천어, 열목어, 강준치, 끄리, 피라미, 갈겨니 등

2. 끄리 플라이 낚시

끄리는 잉어과에 속하는 어종으로 공격성이 강하다.

따라서 플라이를 물고 뛰는 힘이 대단하다.

강이나 댐으로 흘러 들어가는 강에 주로 서식한다.

충북 옥천군 지수리가 유명하며 4월 하순경부터 낚시인들이 몰린다.

장비

낚싯대 : 4번대~6번대, 4X 리더 라인과 티펫 라인

플라이 : 블랙 고스트, 흰색 스트리머, 스파이더 플라이 등

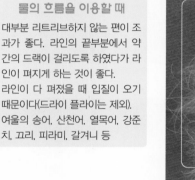

스트리머

드라이 플라이

시기

연중 가능하며, 주로 4~7월까지가 많이 낚인다. 8월 이후에도 상류 여울로 가면 낚인다. 그 지역에 아카시아꽃이 만발할 때가 끄리 피크시즌이다.

장소

지수리, 인제 군축교 하류 바위 절벽 앞, 홍천강 하류, 남한강, 섬강 하류, 금강, 전주천 등 남쪽 지방의 강에도 대부분 분포한다.

요령

여울에서 흐름과 30~45도 각도로 캐스팅하여 흐름을 타게 한다. 라인이 거의 펴질 때쯤 입질이 온다.

스파이더 플라이는 드라이 플라이이므로 드랙(Drag)이 걸리지 않게 하여 물흐름과 같은 속도로 흐르게 해야 하고 챔질해야 한다.

지수리 취수탑 부근의 표시 이외의 여울도 모두 낚시가 가능하며 길을 따라 상류로 올라가며 진입 가능한 여울은 모두 낚시가 가능하다.

상류의 금모래휴게소 부근(콧구멍 다리 하류) 청마여울 등, 장마 후에는 댐 수위가 높아져서 취수탑 부근도 여울이 없어지므로 더 상류로 가다가 여울이 있으면 낚시하면 된다.

취수탑에서 상류로 약 15km 정도 올라면 경부고속도로 금강휴게소가 나온다. 따라서 금강휴게소에서도 진입이 가능하다.

휴게소에 진입하여 우회전해서 끝까지 가면 톨게이트를 지나 댐 위 길을 건너가서 마을 지나 경부고속도로 밑으로 지나 왼쪽에 강을 끼고 하류로 따라가면 된다. 여울의 연속이다.

끄리

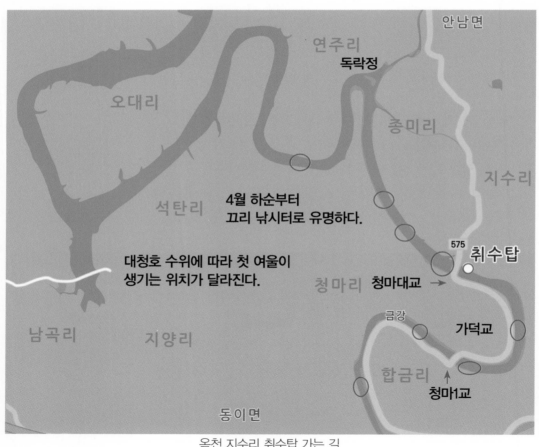

옥천 지수리 취수탑 가는 길

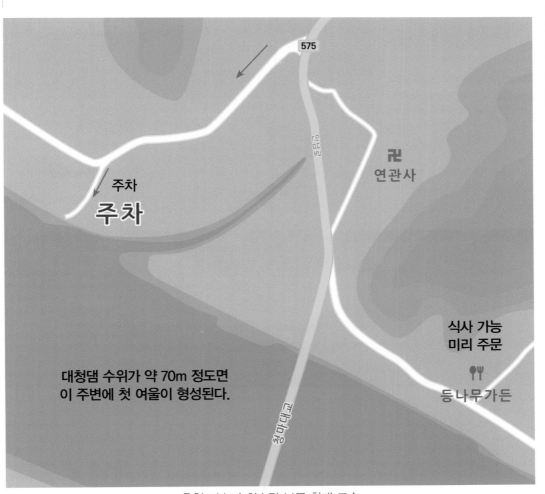

575

주차
주차

대청댐 수위가 약 70m 정도면
이 주변에 첫 여울이 형성된다.

연관사

식사 가능
미리 주문
등나무가든

옥천 지수리 취수탑 부근 확대 모습

※ 이른 봄 기온의 강하로 활성도가 떨어지고 바닥을 공략해
야 할 때를 대비하여 싱킹 리더를 준비해 가는 것이 좋다.

3. 눈불개 플라이 낚시

눈불개는 잉어과에 속한다. 힘이 좋고 공격성이 강하지만
경계심이 강한 어종으로 우리나라에는 금강이나 그 지류에
서식하고 있다.

크기는 30~40cm 정도가 주류를 이루며 50cm 이상의 것
도 자주 낚인다.

플라이를 물고 도망가는 힘이 대단해서 플라이 낚시인들이
선호하는 어종 중의 하나이다. 연중 낚시가 가능한 어종이다.

눈불개(55cm)

채비

낚싯대 : 6번대를 추천한다. 4~5번대도 가능하나 장소에
따라 어종의 특성상(매우 예민함) 캐스팅 거리가 다소 길게
필요하기 때문이다.

리더와 티펫 라인은 3X나 4X 정도를 사용하면 좋다.

플라이(훅) : 웨트 플라이나 드라이 플라이를 사용하지만,
검은색이어야 한다(사진 참조).

드라이 플라이

웨트플라이

플라이 더하기

물고기들이 라이즈를 하고
있을 때

어종에 맞는 드라이 플라이를 사용
하는 것이 좋다.

* 여울에서는 드라이보다 웨트 플라이가 주효하며 갑천의 경
우는 드라이 혹이 더 재미있기도 하다. 플라이 낚시의 묘미는
어떤 어종이든 역시 드라이 플라이로 낚을 때가 아닐까 생각
한다. 사진의 윗줄 제일 오른쪽이 드라이 플라이다.

시기
연중 가능

장소

금강 전반적으로 포인트가 분포되어 있으며, 지천에도 포인트가 많이 있다.

갑천은 눈불개가 많고 지형적으로 쉽게 접근이 가능한 곳으로 입수하면 된다. 주로 불무교 하류 쪽과 엑스포아파트 옆쪽에서 많이 낚시한다. 진입은 신탄진IC에서 32번 도로를 타고 신구교 쪽으로 가다가 다리 건너가기 전에 우회전해서 문평대교 쪽으로 가다가 문평대교 건너기 전 우회전해서 약 540m 정도 가면 왼쪽으로 주차장 내려가는 길이 있다. 주차장에 주차 후 채비하여 다리 하류 쪽으로 입수하면 사진에서 보는 장소가 나온다. 평평하고 넓고 흐름이 느린 곳에서는 수량만 있으면 모두 낚시가 가능하다. 엑스포아파트 옆, 보

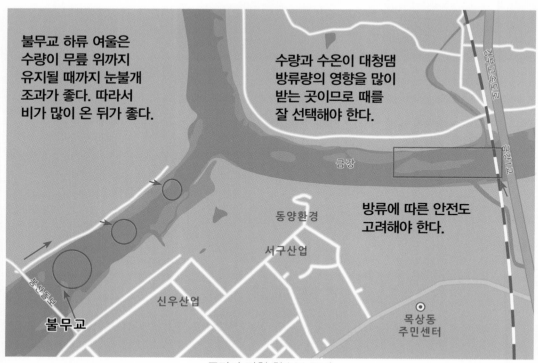

불무교 하류 여울은 수량이 무릎 위까지 유지될 때까지 눈불개 조과가 좋다. 따라서 비가 많이 온 뒤가 좋다.

수량과 수온이 대청댐 방류량의 영향을 많이 받는 곳이므로 때를 잘 선택해야 한다.

방류에 따른 안전도 고려해야 한다.

금강

동양환경

서구산업

신우산업

목상동 주민센터

불무교

금강과 갑천 합수부 주변

하류에서도 수량이 있을 때 낚시가 가능하다. 한국타이어 뒷쪽 금강 본류 쪽도 낚시가 가능하지만 기복이 좀 심한 편이다.

요령

빠른 여울에서는 검은색의 웨트플라이를 사용(사진 참조)한다. 빠른 여울과 30도 정도로 캐스팅하여 흐름을 타게 하고 물골이 끝나는 지점(흐름이 느려지는 곳)의 부근에서 라인이 다 펴져 플라이가 물골 끝쯤 위치하게 라인 길이를 맞추어야 한다.

그러면 물골 끝 부근에서 라인이 거의 다 펴지는 순간 확물고 도망친다. 빨리 대를 세워서 대의 탄력을 이용하면서 라인을 조정해야 한다. 줄다리기하면 티펫이 터진다. 리트리브나 마커는 필요 없다.

또 다른 방법은 마커를 달고 수심을 맞추고(매우 중요) 물골과 물골 사이에 플라이를 넣어 기다리는 방법이 있다. 라인에 드랙이 걸리지 않도록 해야 한다. 여울이 빠른 곳은 드랙이 걸리면 순식간에 플라이가 떠내려간다.

드랙(Drag)

물의 흐름이 라인을 끌고 흘러가는 현상을 말한다. 갑천의 경우 검은색 드라이 플라이(사진 참고)를 묶어 느릿느릿 흐르는 물 위에 캐스팅하여 물 위에 떠서 자연스레 흘러가게 하면 된다. 눈불개가 있는 곳과는 거리를 두는 게 좋다.

* 흐름이 빠른 곳과 느린 곳의 차이점

여울이 빠른 곳은 물결과 물거품이 심하여 눈불개가 물 밖이 잘 안 보일 것이고 갑천은 흐름이 느리고 물속이 다 보이므로 눈불개도 물 밖을 다 볼 수 있을 것이다. 이런 것의 차이로 낚시 요령과 플라이가 다르다고 생각할 수 있다. 흐름이 느리고 물속이 보이는 곳에서는 사람이 어른거리기만 해도 재빠르게 도망가는 것을 볼 수 있다. 그래서 20m 이상의 캐스팅이 필요하다. 눈불개는 낚시인과 일정 거리를 유지하면서 도망간다.

흐름이 느린 곳 (드라이 플라이 사용)

흐름이 빠른 곳(님프 플라이 사용)

4. 강준치 플라이 낚시

강준치는 충주호와 충주호로 흘러드는 강에서 많이 낚이며, 한강과 그 지천, 금강과 그 지천, 전주천 등에서도 낚인다.

강준치는 눈이 큰 야행성 어종이다. 산란 철인 7월에는 낮에도 낚이지만, 그 외는 해 넘어가고 어둑어둑해지면 낚이기 시작하여 밤에 많이 낚인다.

강준치 플라이 낚시터로는 충주 삼탄이 유명하다.

플라이 더하기

라인이 너무 쉽게 터질 때

리더 라인이나 티펫 라인을 점검. 매듭이 생겼거나 표면이 매끈하지 않으면 교체해야 한다.

플라이 더하기

싱킹 리더 라인의 준비

남한강 등과 같이 수심이 있는 곳에서 낮에 공략하기 위해서는 싱킹 리더에 60~100cm 정도의 티펫을 연결하고 스트리머를 사용하면 좋다.
단, 강의 중앙 부분까지 먼 거리 캐스팅이 필요하다.

남한강 강준치

낚싯대 : 6번이나 7번, 3X 리더와 티펫 라인

플라이 : 블랙 고스트, 흰색 스트리머, 은빛 편조로 만든 미노우(Minnow) 등을 사용, 플라이에 따라 입질이 다르다. 블랙 고스트나 은빛 미노우는 퍽 하고 입질이 오고 스트리머는 조용히 입질이 온다.

시기
많이 낚이는 시기 7~8월

스트리머

미노우

장소 : 삼탄

명서교를 건너 진입하여 다리를 건너, 여울이 있는 곳에서
낚시하면 된다. 여울이 있으면 7월, 8월은 낚시가 되며 대체로
오후 늦게 낚시를 시작한다. 운동장 쪽과 하류 정자에서 강가
로 내려가 여울에서 많이 낚시한다. 7월은 비 온뒤 강물이 좀
불어나고 진한 흙탕물이 옅어지면 낮에도 잘 나온다. 댐 수위
가 높아져서 역 앞까지 여울이 없어질 때도 있다. 이 시기는 대
강 8월 20일 이후가 된다. 상류로 더 가면 좋은데 진입이 쉽지
않다. 또 밤에 해야 되므로 더욱 어려울 것이다.

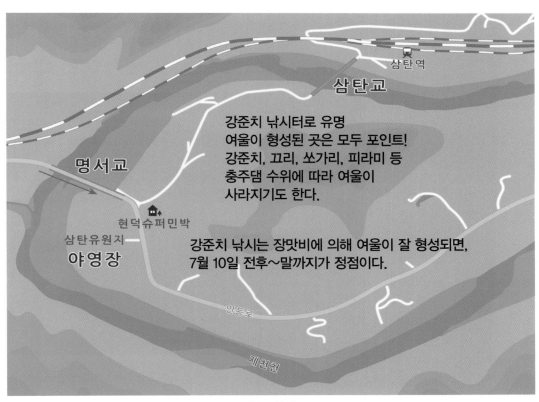

충주 삼탄

5. 산천어 플라이 낚시

플라이 대상 어종 중 아름답고 고우며 맑은 산골짜기에 살고 있어서 주로 강원도 쪽에 서식하고 있으며 태백산맥의 동쪽이다. 요즘은 서쪽에서도 치어를 방류하여 서식하고 있는 곳도 생겨나기 시작했다. 크기는 25cm 전후가 많지만, 송어만 한 크기도 더러 낚인다.

플라이 낚시 대상 중에서 최고에 속하는 어종 중 하나이다.

산천어 낚시터로는 간성 쪽의 북천과 남천, 양양의 갈천, 법수치, 오색천, 강릉의 연곡천, 삼척 오십천, 새밭계곡 등이 있다. 삼척 오십천은 최고의 산천어 낚시터이다.

낚싯대는 3번대가 주류이지만 4번과 2번대를 쓰기도 한다. 리더 라인과 티펫 라인은 6X나 5X 정도면 된다.

산천어

플라이 : 16번 정도의 드라이 플라이, 웨트 플라이를 주로 사용한다. 그 외에도 수온과 장소에 따라 님프 등 다양하게 쓰인다.

플라이 더하기

챔질은

반사적으로 이루어져야 하고, 그렇게 되도록 많은 연습을 해야 한다.

웨트 플라이

드라이 플라이

플라이 더하기

드라이 플라이를 사용 낚시할 때

부력재(플로턴트)를 사용하여 플라이를 물에 쉽게 젖지 않게 한다. 낙엽이 물에 떠내려가듯, 플라이가 물의 흐름을 따라 떠내려가도록 해야 한다. 그렇지 않으면 물고기는 절대로 덤비지 않는다.

드랙이 걸리지 않게 해야 하고, 라인을 좀 여유 있게 풀어 플라이가 라인에 의해 당겨지지 않게 한다. 너무 여유를 많이 주면 챔질이 늦어지게 된다.

챔질은 반사적으로 0.5초.

4~5월과 9~10월은 드라이를 많이 사용하는 경향이고 11월~다음 해 3월의 추운 때는 웨트나 님프를 많이 사용한다. 추울 때는 바닥에 가까이 보내야 하므로 도래나 납추를 사용하기도 한다. 요령은 계곡의 소(Pocket)에서 드라이 플라이를 자연스레 흘리거나 수온이 낮은 11월 이후는 마커 채비에 님프로 바닥에 접근시킨다.

여울에서도 드라이 플라이 혹은 웨트 플라이를 사용하기도
한다.

삼척에서 38번 도로를 타고 가다가 접근 가능한 곳에서 낚
시하면 된다. 도계까지 낚시 가능, 38번 도로와 같이 흐르는
물길이 오십천이다. 미로면 주변에서 도계 아래쪽까지 접근
가능한 여울에서 모두 낚시가 가능하다.

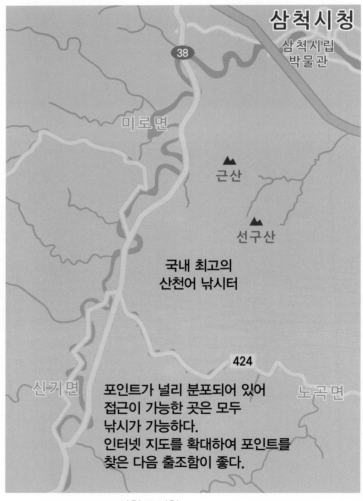

삼척 오십천

님프를 사용할 때(님팽)는 마커를 사용하고 적당한 흐름의 빠르기와 물의 깊이를 고려하여 님프가 바닥에 가깝게 가라앉도록 적당한 무게의 추를 사용하며 드랙이 걸리지 않게 하여 마커가 물의 흐름과 같은 속도로 흐르게 해야 하고 마커의 흐름에 변화가 오면 재빨리 챔질해야 한다(0.3초).

법수치계곡은 캐디스펜션에서부터 상류로 접근 가능한 여울이나 소에서 모두 낚시 할 수 있다.

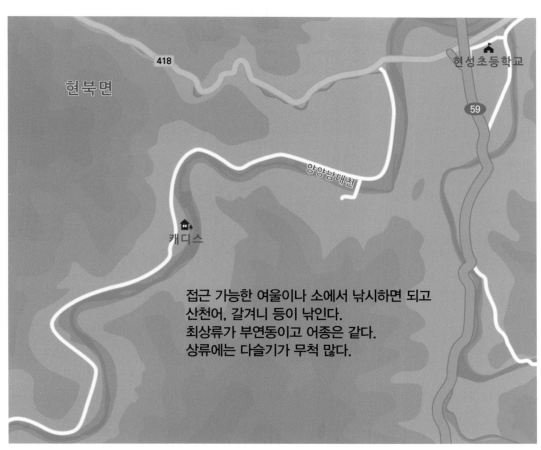

법수치계곡

플라이 더하기

대형 물고기를 제압할 때에는 손보다는 릴을 사용하는 것이 유리하니, 릴로 강제로 물고기를 끌어내지 않도록 해야 한다.

플라이 더하기

챔질

계류 낚시에서 드라이 플라이를 사용해서 낚시할 때나 마커 채비의 님핑을 할 때, 일반적으로 챔질이 본능적으로 빨라야 한다.
물고기는 먹이가 아니라고 판단하면 곧 뱉어 버리기 때문이다.
이 시간은 정말 0.5초도 안 될 것 같이 느껴진다.
따라서 챔질이 플라이까지 빨리 전달되도록 여러 가지 방법들이 동원된다.
라인을 느슨하지 않게 콘트롤 하는 것은 물론이고 플라이 라인이 물에 잠기지 않게 하여 낚싯대 끝을 흐름에 따라 이동시키기도 하고, 챔질할 때에 낚싯대를 들면서 왼손으로 동시에 라인을 당기기도 한다.
저수지에서 마커 채비로 송어 낚시를 할 때도 마찬가지이다.

6. 열목어 플라이 낚시

열목어

열목어는 물이 아주 맑고 수온이 낮은 산골짜기 시냇물에 살며 작은 물고기나 곤충 등을 먹이로 한다.

플라이 낚시터로는 내린천 상류, 진동계곡, 장전계곡, 경북 봉화의 낙동강 상류 석포리, 육송정을 흐르는 강 등이 유명하다.

장비나 플라이는 산천어와 같다. 다만 40~50cm의 큰 것 또한 그 이상의 것도 낚이기 때문에 낚싯대와 리더 라인은 좀 든든한 것으로 준비할 필요가 있다. 특히 경북 봉화에서 큰 것들이 자주 낚인다.

경북 봉화 같은 곳은 4~5번대 정도 리더는 3X 정도가 좋을 듯하다. 추운 겨울에 바닥을 노리면 잘 먹어준다. 이때는 님프를 사용하는데, 산천어와 같이 운용하면 된다.

웨트 플라이

드라이 플라이

님프 플라이

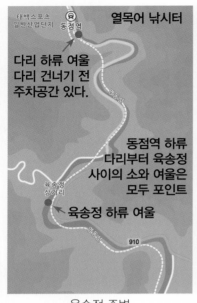

열목어 낚시터

다리 하류 여울
다리 건너기 전
주차공간 있다.

동점역 하류
다리부터 육송정
사이의 소와 여울은
모두 포인트

육송정 하류 여울

육송정 주변

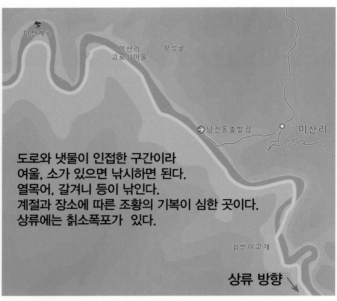

도로와 냇물이 인접한 구간이라
여울, 소가 있으면 낚시하면 된다.
열목어, 갈겨니 등이 낚인다.
계절과 장소에 따른 조황의 기복이 심한 곳이다.
상류에는 칡소폭포가 있다.

상류 방향

미산계곡

진동계곡은 인제에서 31번 국도 타고 가다가 418번 국도로 진입해서 가다가 진동계곡으로 좌회전하면 된다.

8월 말, 9월은 아직 더우므로 골짜기 상류가 좋고(분교보다 더 윗쪽) 기온이 낮아지면서 점점 하류 쪽으로 이동해 내려온다.

계곡 전반이 낚시터이며, 소(Pocket)를 노려야 큰 것을 낚을 수 있다. 오전은 진동계곡, 오후는 내린천 미산계곡 이런 계획도 좋을 것이다.

봉화는 동점역 조금 하류 다리에서부터 육송령 하류까지 낚시가 가능하다. 이 구간은 모두 포인트로 보면 된다.

7. 송어 플라이 낚시

무지개송어

송어는 양식장에서 흘러나온 치어 등이 주변 시냇물에서 자연에 적응하여 사는 것들이 있다. 따라서 양식장 주변의 강이나 시냇물에서 낚인다.

정선 동남천, 평창 미탄, 평창강 등과 충주댐 아래 목행대교와 철교 사이, 조정지 댐 아래쪽 등에서도 송어가 낚인다.

댐 아래쪽에서 낚시할 때는 방류에 주의해야 한다. 최근에는 송어 축제를 한 장소에서 얼음이 풀리는 3월경에 낚기도 한다. 송어를 회수하기 전이나 가두리가 터졌을 때는 아주 대박이다.

10월경부터는 저수지에 송어를 풀어 낚시를 할 수 있게 한 유료 낚시터가 운영되기도 한다. 인터넷에서 찾아보면 알 수 있다. 송어는 40cm로 크고 힘이 좋고 특히 야생의 경우 바늘 털이가 심하기도 해서 인기 있는 어종이다.

낚싯대 : 6번이나 7번 정도, 리더는 4X나 3X 정도

웨트 플라이

드라이 플라이

울리 버거

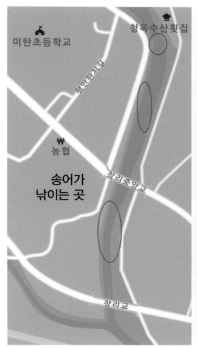

미탄

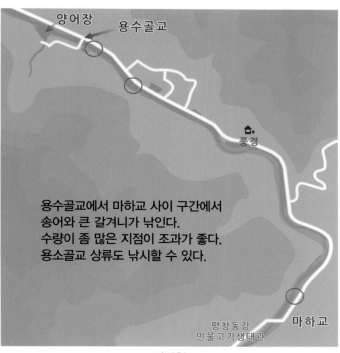

기화천

저수지 송어 낚시

시기 : 10월경~이듬해 3월경까지 가능하다.

채비 : 6번 낚싯대와 라인, 3X 리더, 4X 티펫, 플라이(검정색 마라부 : 사진 아래), 마커채비, 송충이패턴, 사료패턴 등 다양한 플라이가 사용된다.

수심 탐색 : 마커 위치를 플라이로부터 1.2m 정도에 위치점을 시작으로 1.5m, 2.0m, 2.5m 순으로 탐색, 10번 정도씩 캐스팅해 보아 반응이 없으면 수심변경이 필요하다. 기온이 낮을수록 깊은 수심, 입문자 시절에는 관리인이나 잘 낚는 사람에게 조언을 구하는 게 좋다.

저수지 송어 낚시에서 수심을 찾아 맞추기는 그날의 조과를 좌우하는 중요한 요소이고 여러 가지의 플라이와 낚시기법이 동원된다.

※ 미탄은 창리중앙교 상류가 포인트
※ 가화천은 용수골교 상류 양어장 위부터 마하교 구간 낚시
   할 수 있다. 그 외 구간도 물이 있고 접근이 가능한 곳은
   낚시할 수 있다. 주로 송어와 갈겨니가 잘 낚인다.

8. 그 외 어종들 플라이 낚시

잉어, 누치, 마자, 쏘가리, 꺽지, 살치 등 많은 종류의 어종
이 있으며 모두 플라이로 낚을 수 있다. 잉어는 힘이 좋아 특
별히 낚시인들이 선호하는 어종이다.

※ 참고 사항

플라이의 종류는 매우 많고 다양하며 낚시인의 취향과 경
험에 따라 또 장소와 시기, 시간대, 어종에 따라 적절한 플라
이를 선택하여 사용하게 된다.
여기에 소개된 플라이는 가장 많이 사용하고 있는 종류들
이다.

마커(인디케이트)

마커는 계류에서는 님프를 사용하여 적당한 수심을 줄 때 사용하며 물흐름의 속도와 깊이에 따라 플라이와 마커 간 거리를 조정해야 한다.

물론 물고기가 있는 수심층에 플라이가 있도록 하는 것은 필수이다. 또 저수지에서 낚시할 때에도 수심층을 맞추기 위하여 사용한다.

맺음말

실전편에서는 대표적인 어종의 낚시에 대하여 간단히 소개하였다.

가장 중요한 것은 어종과 그때의 환경을 고려한 적당한 플라이를 선택하는 것, 그다음이 플라이에 생명을 불어넣는 일이라 생각한다. 리트리브, 흔들기, 수심을 맞추는 일 또한 매우 중요하다.

캐치 앤 릴리즈(Catch & Release) 운동에 동참하시기를 권한다. 낚시인 모두 자연을 보호하는 낚시를 즐기시기를…

부록

어종별 낚시채비 방법과 운용법

　여기서는 어종별로 일반적으로 많이 사용하는 채비 방법에 대하여 설명한다. 경험을 쌓은 후에 더욱 발전시키고 응용하면 좋을 것이다.

　낚시터의 환경은 자연조건과 사람들의 생각에 따라 언제나 바뀌고 있으며, 플라이의 종류는 대단히 많으며, 채비 방법 또한 경험에 따라 사람에 따라 천차만별이라고 할만큼 많다.

　계절에 따라, 수온에 따라, 하루 중 시간대에 따라, 낚시터 조건에 따라, 어종에 따라 그에 적절한 채비로 대응해야 한다.

1. 피라미와 갈겨니(흐름을 좋아하는 어종)

피라미 채비

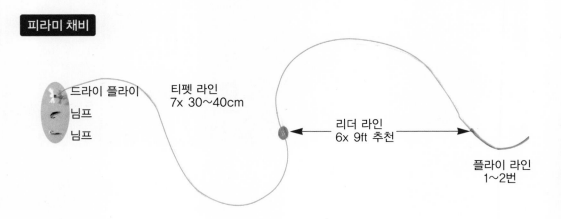

운용 : 1) 님프 채비 : 계류에서 피라미를 낚을 때 가장 많이 사용하는 채비로 흐르는 물의 상류 쪽에 조용히 들어가서 물의 흐름과 30~45도 정도로 캐스팅하여 흐름에 맡기면 라인이 다 펴지는 때에 입질이 온다. 챔질은 안 해도 된다.

　　　　좌우로 캐스팅하여 조금씩 하류로 이동해 가면서 낚으면 되고 가능하면 입수는 안 하는 것이 바람직하다. 흐름이 아주 느리거나 고인 물일 때는 라인을 조금씩 당겨주는 것이 필요하다.

2) 드라이 채비 : 물고기가 라이즈하고 있을 때 사용하며 챔질을 해야 한다. 그리고 라인에 드랙이 걸리지 않게 해서 플라이가 자연스럽게 물의 흐름을 타게 해야 한다. 즉, 플라이의 속도와 흐름의 속도가 같아야 한다.

2. 끄리(공격성이 강한 어종)

끄리 채비

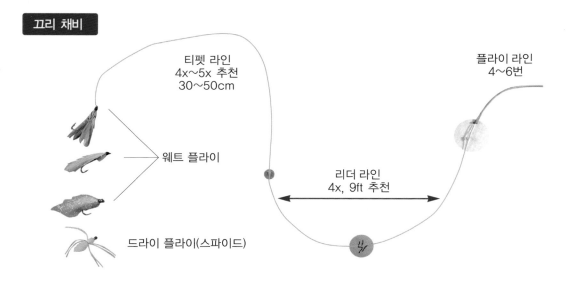

운용 : 1) 스트리머 : 강이나 시냇물에서 주로 흐름과 30~45도 캐스팅하여 흐름을 타게 하면 라인이 다 펴지는 순간 입질이 온다. 챔질은 안 해도 된다. 기온과 수온이 낮아 물고기가 바닥층에 있을 때는 플라이로부터 15~20m 정도 위치에 유속에 따라 적당한 무게를 달아 플라이가 가라앉게 해야 하고 적당한 크기의 도래를 사용하는 것이 좋다. 또 싱킹 라인을 사용해도 좋다.

2) 스파이드 : 드랙이 걸리지 않게 흐름을 타게 하고 챔질을 해야 한다.

3) 파트리지 웨트(partridge wet) : 최근에 많이 사용한다.

3. 강준치(공격성이 강하고 밤에 잘 낚이는 어종)

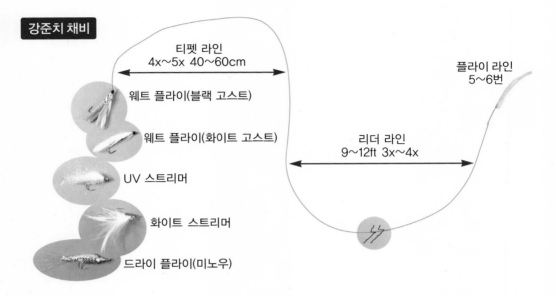

강준치 채비

티펫 라인
4x~5x 40~60cm

웨트 플라이(블랙 고스트)

웨트 플라이(화이트 고스트)

UV 스트리머

화이트 스트리머

드라이 플라이(미노우)

플라이 라인
5~6번

리더 라인
9~12ft 3x~4x

운용 : 1) 스트리머 : 흐름과 30~45도 정도로 캐스팅하여 흐름을 타게 하면 라인이 다 펴질 때 입질이 온다. 낮에는 싱킹 리드를 사용하면 좋은 조과를 기대할 수 있다.

2) 미노우 : 반사율이 높은 은빛 필름을 좁게 잘라 편조로 짠 것을 이용하여 물에 뜨게 만든 3cm 정도의 미노우로 야간에 주효하며 흐름에 맡기면 된다.

4. 눈불개(힘이 좋은 공격적인 어종)

눈불개 채비

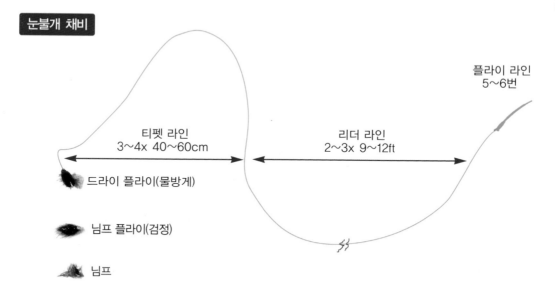

운용 : 1) 검은색 웨트 : 물거품이 생기는 흐름이 빠른 곳에서 캐스팅하여 빠른 물골의 끝
부근에서 라인이 퍼져서 플라이가 위치하도록 하면 "툭" 강한 입질이 온다. 챔질
은 안 해도 된다.

　2) 검은색 드라이 : 물방개라고도 불리는 플라이로 흐름이 느리고 평평한 곳에서
흐름에 맡기면 되고 챔질해야 한다.

　눈불개는 경계심이 강한 어종으로 물거품이 심한 곳은 관계없지만, 흐름이 느리고 맑
은 곳에서는 사람이 접근하면 멀리 달아나므로, 먼 거리 캐스팅이 필요하다.
　연중 낚시가 가능하나 수온이 높은 초여름부터 가을까지 조황이 좋고 힘도 세다.

* 눈불개는 검은색을 좋아한다.

5. 겨울 저수지 송어

저수지 송어 채비

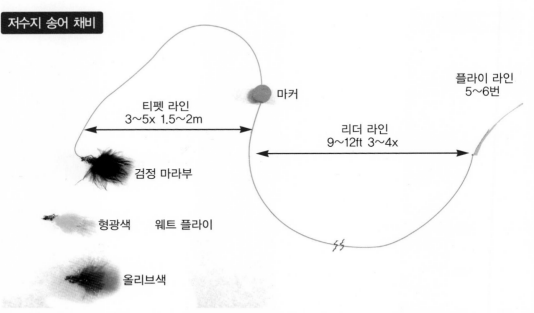

운용 : 알맞은 수심층을 찾는 것이 중요하며 1.2m 정도부터 시작하여 3m 정도까지
0.5m 간격으로 탐색하며, 기온이 낮을수록 깊게 하는 게 좋다. 한 뼘 정도씩 라
인을 당기는 리트리브가 반드시 필요하며 마커가 까닥까닥하거나 잠기면 재빨리
챔질해야 하며 챔질이 늦으면 놓치게 된다(0.5초).
시기에 따라 여러 가지 플라이와 기법이 동원된다.

수심층 맞추기 : 플라이와 마커 간 거리를 조정하면 된다.

6. 강이나 계류 송어

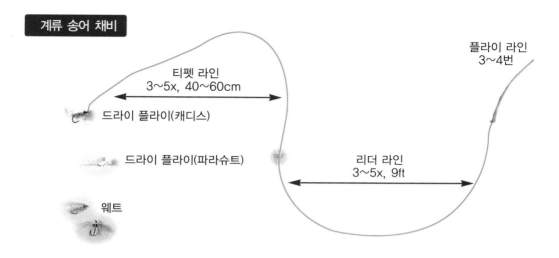

계류 송어 채비

티펫 라인
3~5x, 40~60cm

드라이 플라이(캐디스)

드라이 플라이(파라슈트)

웨트

플라이 라인
3~4번

리더 라인
3~5x, 9ft

운용 : 1) 웨트 : 흐름의 물거품이 있는 끝자락 정도에 플라이가 흐르도록 하며 챔질이 필요하다.

    2) 님프 : 마커를 사용하며 기온이 찬 경우 등일 때는 플라이를 가라앉게 하기 위해 플라이로부터 15cm 정도의 위치에 도래를 사용하여 무게를 주기도 한다. 이때는 마커가 유속과 같은 속도로 흐르도록 해야 하고 마커가 잠기거나 속도의 변화가 있을 때 매우 빠르게 반사적으로 챔질을 해야 한다(0.3초). 마커의 위치는 유속과 수심에 따라 조정해야 하며 도래(봉돌)의 무게는 마커가 뜨는 정도로 하면 된다. 가능한 도래가 바닥 가까이 가서 흐르도록 해야 한다.

    3) 드라이 : 라이즈가 있을 때 주로 사용하며 빠른 챔질은 필수이다(0.3초). 물론 플라이는 유속과 같아야 한다.

  계절과 하루 중 시간에 따라 물고기가 올라오지 않을 때도, 잘 반응할 때도 많다. 선택은 취향에 따라 하면 된다.

7. 산천어와 열목어

　계류 플라이 낚시 대상 어종 중 매우 인기 있는 물고기이다. 님프 채비는 플라이로부터 15~20cm 정도의 위치에 도래(봉돌)를 달아야 하고, 무게는 유속에 따라 정하며 마커의 위치는 수심과 유속에 따라 정하면 된다(도래가 바닥 가까이서 물에 따라 흐르도록 한다).

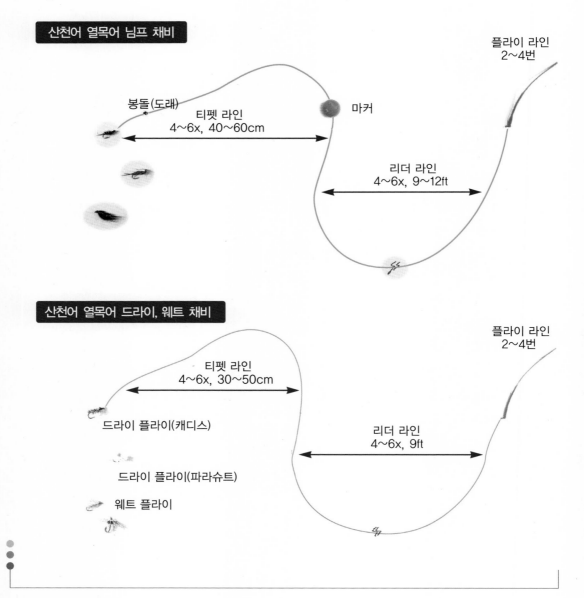

산천어 열목어 님프 채비

봉돌(도래)

티펫 라인
4~6x, 40~60cm

마커

플라이 라인
2~4번

리더 라인
4~6x, 9~12ft

산천어 열목어 드라이, 웨트 채비

티펫 라인
4~6x, 30~50cm

드라이 플라이(캐디스)

드라이 플라이(파라슈트)

웨트 플라이

플라이 라인
2~4번

리더 라인
4~6x, 9ft

운용 : 1) 님프 채비 : 드랙이 걸리지 않게 하는 것이 중요하며 마커의 흐름이 물의 속도와 같아야 한다. 그러기 위해서 플라이 라인이 물에 잠기지 않도록 낚싯대를 치켜들고 흐름에 따라 낚싯대 끝을 이동시키기도 한다. 마커가 물에 잠기던지 속도가 변하면 매우 빨리 챔질을 해야 한다(0.3초). 빠른 물골의 가장자리에 흘리는 것도 포인트이다.

2) 드라이 플라이 채비 : 님프 채비 운용과 같은 요령이고 드라이 플라이가 유속과 같게 흘러가게 해야 한다. 플라이를 공격하는 것이 보이므로 이때 빠르게 챔질해야 한다(0.3초).

3) 웨트 플라이 채비 : 캐스팅하여 라인이 다 펴졌을 때 플라이가 빠른 물골의 가장자리에 위치하도록 하면 조과가 좋다. 또 물골의 끝자락에 위치하도록 해도 좋다.

입문하시는 분들을 위하여 기초적인 채비방법을 설명하였다. 이 외에도 개인에 따라 많은 방법들이 있을 수 있다.

> **플라이 낚시의 조과**
>
> 첫째, 라인의 운용 즉 플라이를 어떻게 움직이게 하느냐에 많이 좌우된다.
> 둘째, 물의 흐름을 잘 활용할 것
> 셋째, 적절한 플라이의 선택이다.
> 여울에서 웨트나 스트리머로 낚시할 때는 물의 흐름따라 라인이 펴지게 하는 것이 조과가 좋다. 리트리브가 능사가 아니다. 라인이 다 펴졌을 때 릴팅을 해 보라.
> 드라이나 님프로 낚시할 때는 플라이가 물의 속도와 같게 흐르도록 해야 한다.
> 적절한 플라이를 사용하여 물의 흐름을 이용하려 라인을 잘 운용하면 최고의 조과를 올릴 수 있을 것이다.

플라이 낚시터

플라이 낚시터는 주로 강, 시냇물, 계곡 등이 주 대상으로 되어 있다. 이런 장소들은 장마, 가뭄, 태풍 등의 기후 변화의 영향, 댐이 있는 강과 그 지류들은 댐 수위의 영향, 각종 공사 등의 영향으로 상황이 늘 변하고 있다는 것을 유념해야 한다. 적절한 수량과 여울이 형성되어야 조과가 좋을 수가 있다. 그리고 어종에 따른 산란 시기는 조과와 직결된다. 하루 중에는 일반적으로 이른 새벽에서 오전 10시 반 정도까지와 오후 3시 반 이후부터 어두워질 때까지가 잘 낚이는 시간이다. 특히 여름철에는 새벽에 잠깐, 오후 늦게 잠깐 낚시가 된다. 또 지역에 따라 수온이 높아 물고기 구경도 못 하는 경우도 있다. 이런 여러 가지 조건을 고려하여 낚시 갈 곳을 정해야 한다.

지도를 사용하는 데는 관계 기관의 허가가 필요하고 비용도 꾀들기 때문에 지도를 실지 못하는 점을 양해 바라며 그 대신 내비게이션의 목적지와 설명을 해 놓았으니 출발 전에 인터넷 지도를 보고 잘 이해한 다음에 떠나기를 바란다.

1. 경기도

1) 가평천

화천군에서 75번 국도를 따라 흘러 가평읍에서 북한강 청평댐으로 합류한다. 물이 맑고 곳곳에 있는 여울은 모두 피라미가 낚인다.

(1) 엽광교 하류 : 가평군청 앞에서 75번 국도를 따라 명지산 쪽으로 약 2km 정도 가면 오른쪽에 엽광교가 보인다. 다리 밑에 보가 있고 보 하류에 여울이 길게 잘 형성되어 있다. 종아리나 무릎 깊이 정도의 수량이 되면 아주 조황이 좋다. 주차는 다리를 건너 길옆에 공간이 있다.

① 어종: 피라미. 댐이 가까워 산란 철에 큰 피라미가 낚인다.

② 시기: 4월 말~6월(이 외의 시기에는 작은 피라미가 낚인다)

③ 내비게이션 목표: 엽광교 (경기도 가평군 가평읍 마장리)

(2) 엽광교 상류 : 75번 국도에서 엽광교를 건너 좌회전하여 가평천을 따라 상류로 가면 염광교 하류와 같이 여울이 나온다. 그리고 75번 국도를 따라가다가 접근 가능한 여울에서는 낚시할 수 있다.

(3) 화악천 : 가평천의 지류로 물이 매우 맑다. 엽광교를 지나 북면 사무소 앞 갈림길에서 오른쪽 길로 따라가면 금강 유원지가 나온다. 이 유원지 상·하류 여울에서 낚시하면 된다.

① 어종: 갈겨니

② 시기: 가을. 이 외의 시기도 낚인다.

③ 내비게이션 목표: 금강휴게소(경기도 가평군 북면 소읍리)

2) 조종천

경기도 가평군 북면 제령리 귀목계곡에서 운악리, 상면을 거처 녹수계곡을 지나 청평읍을 돌아 청평댐 아래에서 북한강으로 합류한다. 비교적 물이 맑은 편이다. 37번 구도로를 따라가면 많은 여울과 만날 수 있고 이 여울 들은 모두 낚시 포인트이다.

(1) 녹수계곡: 46번 국도를 따라 가평 방면으로 가다가 청평을 지나 1.2km 정도 가면 37번 신도로 교차로가 나온다. 이 도로를 타고 터널 2개를 지나 첫 번 신호등에서 우회전해서 들어가면 된다. 여울이 나타난다. 이들 여울은 모두 낚시가 가능 하다. 하지만 접근이 쉽고 낚시 많이 하는 곳은 오른쪽으로 조가터교를 지나 오른쪽으로 다리가 나오고 조금 상류 쪽에 보가 있다. 이 보 바로 아래쪽에서부터 낚시 가능하다. 보 상류로가면 여울이 나타난다. 여기서도 낚시 가능하고 더 상류로 가면 차량이 더 가지 못하는 지점이 나오고 콧구멍 다리가 있다. 이 다리 하류가 좁고 흐름이 빠르다. 여기서는 갈겨니가 잘 낚인다.

① 어종: 피라미. 꺽지. 갈겨니

② 시기: 4월 하순~5월 가을. 여름 물놀이 사람이 많을 때는 이 자리만 피하면 된다.

③ 내비게이션 목표: 녹수계곡 (경기도 가평군 상면 항사리)

(2) 크리스탈 벨리 CC 정문 하류 여울, 청평역 뒤쪽 여울 등

3) 벽계구곡

양양 가는 고속도로의 서종 IC로 나와 우회전 해서 2km 정도 가면 수입교가 나오고 다리 건너자마자 우회전해서 770m 정도 가면 갈림길이 나온다. 오른쪽 길로 330m 정도 물길 따라가면 내수입1교 다리 건너 350m 정도 가면 내수입2교에 도착한다. 이 다리 상·하류의 여울은 모두 포인트이다. 이 외에도 이 주변 상·하류에 있는 여울은 모두 포인트이다.

① 어종: 피라미. 꺽지.

② 시기: 4월 하순~가을까지. 여름 물놀이객이 있는 곳은 피할 것.

③ 내비게이션 목표: 내수입2교 (경기도 양평군 서종면 노문리)

4) 왕숙천

강변북로를 따라 양평 방면으로 가다가 서울 외곽 순환도로 강동대교 밑을 지나자마자 가장 오른쪽 길로 들어서 오른쪽 길을 따라 왕숙천을 따라가다가 토평교 밑을 지나자마자 오른쪽으로 주차장으로 들어갈 수 있다. 주차 후 하류 쪽으로 가면 다리와 보가 있다. 보 하류부터 합수부까지 낚시할 수 있다. 5월 초순쯤에는 잉어가 꽤 많이 올라온다. 어로 쪽에서 뛰어오르는 잉어를 긴 손잡이가 달린 뜰채로 받은 적도 있다.

① 어종: 잉어. 끄리. 강준치. 배스. 피라미 등

② 시기: 4월 하순쯤부터 어종별로 산란기를 맞추어 가면 좋다.

③ 내비게이션 목표: 구리자원 회수 시설 (경기도 구리시 왕숙천로 49)

구리 자원 회수 시설로 들어가지 말고 약 600m 정도 가면 토평교가 나오고 다리 밑에서 우회전해서 주차장으로 들어갈 수 있다.

5) 부론

부론은 강원도 원주시에 속해 있는 면이다. 한강 누치 낚시하면 부론이라고 말하는 경우가 많다. 영동고속도로 여주 톨게이트를 나와 좌회전해서 남한강대교 쪽으로 가다가 다리 건너기 직전에 오른쪽에 물가로 내려가는 길이 있고 주차 공간도 보인다. 다리 하류 쪽에 비스듬하게 넓고 큰 여울이 형성되어 있다. 주의할 점은 충주댐 방류량이 많을 때는 접근이 불가하다. 초당 150톤 전후일 때 진입 가능하고, 250톤 전후는 진입이 불가능하다.

① 어종: 누치

② 시기: 4월 말~5월 중순 사이 약 열흘간 정도. 다른 곳은 3~4일 정도.

③ 내비게이션 목표: 남한강대교

누치 낚시에 대하여

플라이의 성격상 누치 낚시에는 다소 부적합한 면이 있어서 과거에는 플라인들이 누치 낚시를 별로 하지 않았으나 누치의 특성에 맞는 방법을 찾아 누치도 플라이 낚시의 대상 어종이 되었다. 그러나 낚시 할 수 있는 기간이 너무 짧다. 한 장소에서 3~4일 정도가 일반적이다. 스트리머 종류나 비드헤드 님프 종류 등의 검은색, 흰색 다 좋지만 플라이를 거의 바닥에 가라앉게 해야 한다. 따라서 플라이에서 40~50cm 정도 거리에 유속에 따라 3~5g 정도의 무게를 달아 준다. 방법은 여울에서 웨트 낚시할 때와 같다.

2. 강원도

강원도는 가장 많은 플라이 낚시터가 산재해 있다.

태백산맥 동쪽(영동 지역)

1) 오십천(삼척)

최고의 산천어 낚시터로 포인트가 여러 곳에 산재해 있어서 접근이 가능한 여울이나 소가 있는 곳은 모두 낚시가 가능하다. 출발 전에 지도를 놓고 포인트를 잘 선정할 필요가 있다.

(1) 미로면 사무소 주변: 미로1교, 2교. 하거노1교, 2교. 상거노교, 상거노1교, 2교 주변 여울

(2) 상정역 주변, 상정교 주변, 상정 육교 주변 여울

(3) 신기면 사무소 주변, 신기교, 대평교, 대평1교. 주변

(4) 마차리 일대. GS 삼척 주유소 뒤편 상·하류 여울, 연화교 일대 여울, 마차교 주변

(5) 고무룡리 일대, 고무룡교, 주변 여울

(6) 고사리 일대, 강원남부로에서 농공단지교를 건너 녹구2길로 가면 도로가 인접하여 여울에 접근이 쉽다. 이 외에도 많은 포인트가 있다. 오십천은 갈 때마다 탐색이 필요한 곳이다.

① 어종: 단연 산천어이다. 황어 산란 철에는 하류 쪽에 많은 황어가 올라온다. 가끔 송어도 낚인다.
② 시기 4월 하순~5월 중순 사이와 10월 가을~초겨울 사이가 조과가 좋으며 여름은 새벽에 잠깐, 해질녘 잠깐만 입질하고 낮에는 입질이 거의 없다. 겨울에도 낚시가 되지만 이동이 어렵고 위험성도 있어 삼가는 것이 좋다.
③ 내비게이션 목표: 위에서 설명한 지명이나 거리명 면사무소 등을 목적지로 설정해서 현장에 가서 여울, 소 등을 찾으면 된다.

2) 법수치계곡

물이 맑고 여울과 소가 많은 곳이다. 캐디스 펜션을 지나 상류로 가면서 소와 여울이 있는 곳이 모두 포인트이며 접근 가능한 장소가 많다. 상류로 가면 다슬기가 엄청 많다. 최상류로 가면 부연동계곡이다.
① 어종: 산천어. 갈겨니.
② 시기: 년중 가능하지만 봄 가을이 좋다.
③ 내비게이션 목표: 캐디스펜션(강원도 양양군 현복면 법수치길 165)

3) 부연동계곡

법수치계곡의 최상류는 6.25 때 전쟁 난 줄도 몰랐다는 곳이다. 지금은 펜션도 있고 휴양지도 있다. 월정사 쪽에서 6번 국도를 타고 진고개 휴게소를 지나 왼쪽에 오대산 휴게소를 지나 약 1km 정도에서 좌측 59번 국도를 따라가면 되지만 길이 매우 험해서 조심 또 조심해서 가야 한다. 부연2교를 건너 약 80m 정도 가면 오른쪽에 주차 가능한 공간이 있다. 이 주변 상·하류 여울에서 낚시하면 된다.
① 어종: 산천어. 갈겨니.
② 시기: 봄 가을.
③ 내비게이션 목표: 부연동계곡(강원도 강릉시 연곡면 삼산리)

4) 남대천 하류

국내에서 연어가 가장 많이 올라오며, 수심이 얕아 낚시하기에 적합한 곳이다. 10월

11일~11월 30일까지 연어 체포 금지 기간이기 때문에 낚시할 수 있는 기간은 연어가 올라오기 시작하는 때(9월 하순쯤)부터 10월 10일까지와 12월 1일 이후부터 이다. 12월 1일 이후는 만신창이가 된 힘도 못 쓰는 연어에다 연어 사체 더미를 보면 낚시할 마음이 사라진다. 많이 찾는 곳은 강원도 양양군 손양면 송현리 627-6(내비 목표)이다.

5) 영동 지역, 기타

(1) 북천: 46번 국도를 따라 진부령을 넘다 보면 이 도로와 인접해서 동해로 흐르는 계곡으로 대체로 접근이 어렵고 진부령 유원지 장신유원지 등을 통하여 접근 할 수 있다. 물놀이 철에는 낚시가 어렵다. 접근이 불가한 골짜기에 가면 어떨까? 하는 의문이 생기는 곳이기도 하다.

(2) 남천: 고성 경찰서 옆길을 따라가면 군부대가 있고 이를 지나 상류로 가면 큰 소도 있고 하지만 군부대에서 통제할 경우는 갈 수 없게 된다. 가장 고운 산천어를 낚은 기억이 있다.

(3) 연곡천: 산천어 낚시터로 명성을 떨치던 곳이었지만 2003년 태풍으로 쓸려내려 간 후로는 황어가 올라오는 시기에 황어 낚시 잠깐하는 곳이 되었다.

(4) 북동계곡: 강원도 강릉시 옥계면 북동리에 있는 계곡으로 상류에 송어 양식장이 있어서 탈출한 송어들이 서식하는 곳이다. 내비게이션에 옥계저수지를 입력하면 여러 개중 강릉시 옥계면 북동리의 옥계저수지를 선택해야 한다. 옥계저수지를 왼쪽에 끼고 직진하여 저수지 상류 적당한 곳에서 낚시하면 된다. 송어들이 힘이 좋아 몇 번 틀린 기억이 난다. 현지인들에게 폐가 되는 일은 삼가야 한다. 주차, 통행에 방해, 고성방가 등…

태백산맥 서쪽(영서 지역)

1) 동남천

정선군 남면에 있는 냇물, 송어 낚시터로 잘 알려진 곳이다. 선평역 뒤에 송어 양식장 주변과 개미들 마을에서 하류 광탄교 주변까지 주로 송어 낚시를 하며 대형 피라미도 낚인다. 피라미가 크고 힘이 좋아 새끼 송어인가 할 정도이다. 이 구간은 겨울에도 얼지 않는다.

① 어종: 송어. 피라미.
② 시기: 연중 가능
③ 내비게이션 목표: 선평역 또는 개미들 마을, 또는 광덕2리 마을 회관.(강원도 정선 군 남면 광탄 수령길 8)

2) 미탄과 기화천

강원도 평창군 미탄면에 있는 낚시터로 송어 양식장들이 있으므로 송어 낚시터로 잘 알려진 곳으로 겨울에 얼지 않는다. 창리 중앙교 상 하류의 여울에서 송어를 낚을 수 있다. 하류로 이동 기화천으로 들어서면 물이 없는 구간을 지나 용수골교 부근에서부터 낚시할 수 있다. 실전편의 지도를 참고하기 바란다.

① 어종: 송어. 갈겨니.
② 시기: 연중 가능하지만 수량이 너무 적을 때는 피하는 것이 좋다.
③ 내비게이션 목표: 미탄 또는 기화천.

3) 홍천강

발원지서부터 하류까지 홍천군을 흐르는 강이다. 특이한 점은 강바닥이 모두 돌과 자갈로 되어 있다는 점이다. 따라서 쏘가리, 꺽지 낚시로 명성을 떨치던 곳이었지만(굴지리 등) 지금은 예전만 못한 것 같다. 그러나 청평댐 가까운 하류 쪽은 끄리, 누치, 피라미 낚시터로 좋은 곳이다. 특히 4월 말부터 5월은 댐에서 올라온 대형 피라미가 깔려 있다.

(1) 모곡유원지 상류: 청구유원지(섬) 상류 지점으로 설악 쪽에서 갈 때 한서교를 건너기 직전 좌회전 둑길로 약 1.2km 정도 가면 강으로 내려가는 곳이 있다. 장마

철이 아니면 물가까지 차량이 갈 수 있다. 돌, 자갈밭이고 차가 빠질 수도 있으므로 현지 사정과 차종을 고려하여 판단하기 바란다. 비탈길을 내려가서 적당한 곳에 차를 세워 두고 조금 걸어서 갈 수도 있다. 흐르는 목이 좁고 흐름이 빠른 곳의 상류 쪽에서 낚시하면 된다.(실전편 지도 참조)

① 어종: 끄리, 피라미, 누치, 쏘가리도 가끔.

② 시기: 4월 하순~5월.

③ 내비게이션 목표: 한서교(강원도 홍천군 서면 모곡리)

(2) 수산유원지: 설악 쪽에서 갈 때 한서교를 건너 약 150m쯤 가면 왼쪽에 주차할 수 있는 공터가 있다. 여기에 주차하고 채비하여 걸어서 물가로 가면 된다. 약 45m 앞에 비탈길이 있다. 오른쪽으로는 SK 수산 주유소가 보인다.

① 어종: 끄리, 피라미, 누치.

② 시기: 4월 말부터 5월. 누치는 4월 말경 3~4일간.

③ 내비게이션 목표: 한서교(강원도 홍천군 서면 모곡리)

(3) 한덕교 하류 여울: 수산 유원지 상류로 길을 따라가면 왼쪽에 한덕교가 있다. 한덕교를 건너 왼쪽으로 내려가면 돌과 자갈뿐이지만 물가로 차량 진입이 가능하다. 약간 하류 쪽에 여울이 있다.

① 어종: 피라미, 끄리 누치.

② 시기: 4월 말에서 5월

③ 내비게이션 목표: 한덕교(강원도 홍천군 서면 모곡리)

4) 내린천

오대산에서 발원하여 인제로 흐르는 계곡 천으로 물이 맑고 경치가 좋은 곳이다. 특히 가을 단풍은 일품이다. 이 책의 표지 사진은 미산계곡에서 촬영한 것이다. 열목어, 갈겨니, 메기 등이 서식하고 있다.

(1) 진동계곡: 내린천의 한 지류로 계곡이 깊고 물이 맑다. 필자가 처음으로 3번 낚싯대를 들고 플라이 낚시를 시작한 곳이기도 하다. 후드득 하기에 줄을 당겨보니 물고기가 달려 있었다. 왜 어떻게 낚였는지도 몰랐다. 상류 진동분교 있는 데까지 물만 있으면 낚시할 수 있다.

① 어종: 열목어, 갈겨니, 피라미 등.

② 시기: 연중 가능하나 봄가을이 좋고 한여름은 조과가 별로이고 한겨울은 가기가 어렵고 위험하다.

③ 내비게이션 목표: 진동계곡

(2) 미산계곡: 접근이 비교적 쉽고 소에는 열목어가 있는 확률이 높다. 갈겨니 등이 많고 가을 단풍 경치는 일품이다. (실전편 지도 참조) 소나 여울은 모두 낚시 포인트다. 상류에 칡소폭포가 있다.

① 어종: 열목어, 갈겨니, 등

② 시기: 연중 가능하나, 봄, 가을이 조과가 좋다.

③ 내비게이션 목표: 미산계곡

5) 영서 지역, 기타

(1) 인제대교 하류: 홍천에서 인제 쪽으로 가다가 인제대교 건너기 전 오른쪽으로 구교로 내려가는 길로 내려가서 하류 쪽으로 접근 할 수 있다. 소양호 수위의 영향을 받는다. 5월 말~6월 초 여울이 형성되면 대형 끄리가 낚인다.

(2) 용대리: 44번 국도 미시령 쪽으로 가다 보면 왼쪽에 "용대리 황태마을"이라는 식당이 있다. 이 상류 쪽에서 낚시하면 된다.

(3) 직동계곡: 상류에 송어 양식장이 있어 송어가 낚인다.

(4) 옥동천: 영월군 김삿갓 면사무소가 있는 동네에 농토 옆, 뚝 옆을 흐르는 냇물로 물이 맑고 큰 갈겨니가 낚인다. 갈겨니는 맛이 좋다. 고씨동굴에서 김삿갓 면사무소로 가다가 옥동교를 건너자마자 왼쪽 둑방 길로 들어서면 된다. 가다오다 시간이 되면 들리는 곳이다.

(5) 섬강 하류 섬광교 주변에서는 누치가 낚이며(누치 산란 철) 섬강 상류에서는 강준치가 낚인다.

3. 충청도

1) 지수리

끄리 낚시터로 명성을 떨치다가 기생충 문제로 약간 뜸했다가 다시 활기를 찾아 가고 있는 곳이다. 대청댐 수위에 따라 첫 여울이 생기는 위치가 독락정 하류 약 3km 지점에서부터 금강휴게소까지 광범위하게 변하기도 하지만 가장 일반적인 포인트는 청마대교 상하류(취수탑 부근) 여울과 가덕교 하류 콧구멍다리 상·하류 여울이다. (실전편 지도 참조) 요즘은 끄리가 입맛이 변하여 스트리머 보다 파−트리지(partridge)웨트가 주효하다. 벚꽃이 피는 시기에 옥천에서 갈 때는 대청호반 길 벚꽃 터널을 지나게 되므로 경치가 일품이다. 경부 고속 도로 금강 휴게소에서도 갈 수 있다.

 * 청마 대교 부근에 여울이 생기려면 대청댐 수위가 약 70m 정도. 등나무가든에서
　식사 가능. 숙박도 가능할 수도 있다.
 ① 어종: 끄리. 피라미.
 ② 시기: 4월 말~5월. 6월, 7월도 빠른 여울에서 낚인다.
 ③ 내비게이션 목표: 청마 대교 (충북 옥천군 안남면 동이면에 걸쳐 있음)

2) 삼탄

쏘가리, 강준치 낚시터로 이름이 난 곳으로 물이 맑은 산골이라 유원지로서도 이름난 곳이다. 충주댐 수위의 영향을 받는 곳이라 수위가 높을 때는 삼탄역 상류까지도 물이차서 낚시와 물놀이는 할 수 없게 된다. 삼탄역 앞에서부터 야영장을 돌아 약 2.5km 하류 지점까지도 모두 여울이 될 때도 있다. 여울에서는 다 낚시할 수 있다.(실전편 지도 참조) 수위가 낮을 때는 정암 마을 앞 여울이나 1km 정도 더 하류까지 가서 낚시해

야 할 때도 있다.(명서 낚시터) 이때는 정암 마을 경로당 앞을 지나 약100m쯤 가면 오른편으로 내려가는 길이 있고 주차할 수 있는 공간이 있다.

　* 명서교 맞은편에 있는 삼탄 자연산가든에서 식사 가능. 민박 가능.

　① 어종: 쏘가리. 강준치. 끄리. 피라미.

　② 시기: 강준치는 7월 10일 전후~7월 말경 까지가 피크. 그이후에도 여울에서 낚시
　　가능하지만 조과는 좋지 않다.

　③ 내비게이션 목표: 명서교 또는 삼탄역.(충북 충주)

강준치 낚시에 대하여

　강준치는 야행성이라 보통 어두워지기 시작해야 낚시를 시작하고 어두울 때 대형(m급)이 낚인다. 그러나 시기와 조건이 맞으면 낮에도 낚이는 때가 있다. 산란철이고 물이 탁하고 구름이 끼었을 때는 낮에도 엄청나게 낚일 때가 있다. 또 급경사 산 밑에서 낮에 낚이는 포인트가 있기도 하다.

---

3) 갑천과 금강

　눈불개 낚시를 많이 하는 곳이다. 갑천은 불무교 아래에서 금강과 만나는 지점까지, 금강은 경부고속도로 다리 아래 여울이다. 신탄진에서 접근이 가능하다. (실전편 지도 참조) 갑천은 불무교 건너기 전 약간 상류 쪽의 주차장에 주차하고 다리 하류 쪽으로 가면 되고 또 다른 곳은 불무교 상류에 있는 다리를 건너서 불무교 밑을 지나 반대편으로 진입 할 수 있다. 경부고속도로 다리 밑은 "금강로하스산호빛 공원"옆길로 가다가 경부고속도로 다리 밑을 지나자마자 도로가 90도 꺾인다. 약 60m 정도 가면 오른쪽에 주차할 공간이 조금 있다. 고속도로 다리와 고속철도 사이이다.

　갑천은 수심이 무릎 정도 이상은 되어야 하고 금강은 대청댐 방류량의 영향을 받으므로 안전에 주의해야 하고 방류량이 많으면 수온이 낮아지므로 눈불개 낚시는 어렵다. 눈불개는 찬물을 싫어하고 예민하여 그림자만 어른거려도 도망간다. 그래서 캐스팅 비거리가 20m 정도 이상 되는 것이 좋다. 눈불개 있는 곳으로 직접 캐스팅 하지 말고 적어도 3~4m 이상 떨어진 곳에 플라이를 떨어뜨려 물의 흐름을 이용하여 플라이가 접근

하게 해야 한다. 물의 흐름을 잘 읽어야 할 필요가 있다.

① 어종: 눈불개. 강준치. 피라미 등

② 시기: 연중 가능하나 봄가을이 조황이 좋다.

③ 내비게이션 목표: 불무교. 금강로하스 산호빛공원

4) 조정지댐 하류

(1) 누치 포인트: 599번 국도에서 조정지댐을 건너서 좌회전하여 약 400m쯤 가면 왼쪽에 물가로 내려가는 길이 있고 길을 조금 따라가면 주차 공간이 있다. 여기는 견지낚시 하는 사람들이 좋아하는 곳이다. 여울이 크고 좋아 플라이 낚시하기도 꽤 좋은 곳이다. 댐 방류량에 주의해야 한다.

① 어종: 누치. 강준치.

② 시기: 봄가을.

③ 내비게이션 목표: 중앙탑 가든휴게소(충북 충주시 중앙탑면 첨단산업로970) 조정지댐까지 약 220m 정도

(2) 강준치 포인트: 중앙탑 가든휴게소에서 599번 국도를 따라 하류 방향으로 약 1km쯤 가면 오른쪽으로 밭으로 가는 길이 있다. 이 길로 들어서서 밭을 가로질러 강가로 나가면 된다. 건너편 산에 정자가 바로 보이는 곳이어야 한다. 3~4명 정도가 낚시할 수 있다. 여기는 옛날 공군 사격장이었고 아직 항공사진에 동그라미가 남아 있다. 포인트는 이 사격장 보다 약 500m쯤 하류다. 항공사진 지도를 확대해서 길을 잘 익혀서 찾아가야 한다. 오후 3~4시경 낚시를 시작하면 이 시간에도 강준치가 낚인다. 조건은 싱킹 리더를 사용하고 흐름과 직각으로 강 한복판으로 20m 이상 던져야 한다. 밤에는 일반 리더를 사용해도 멀리만 던지면 잘 낚인다.

① 어종: 강준치.

② 시기: 늦은 봄~여름~가을

③ 내비게이션 목표: 중앙탑 가든휴게소.

5) 단양

(1) 단양: 가곡면 사무소 상 하류에 여울이 잘 발달 되었을 때 낚시할 수 있고 강준치 철에 가면 그런대로 좋다. 대명 리조트 앞쪽이 여울이 생길 때도 있다. 충추호 수위의 영향 때문이다. 황산 여울은 괜찮은 포인트이다.

(2) 새밭계곡: 소백산에서 발원, 남한강으로 합류한다. 물이 깨끗하고 작은 소가 많다. 규모가 작은 것이 흠이지만 산천어가 낚인다.

　① 어종: 산천어.

　② 시기: 연중 가능하나 겨울은 가기가 어렵다.

　③ 내비게이션 목표: 새밭계곡 (충북 단양군 가곡면 어의곡리)

4. 호남

1) 장성호: 배스

2) 전주천: 배스, 누치, 눈불개

3) 드들강: 배스

5. 영남

1) 봉화, 태백 (동점역 – 육송정)

열목어 낚시터로 명성이 높은 곳이다. 봉화와 태백에 걸쳐 있다. 동점역 하류에서 육송정 하류 여울 사이가 모두 낚시 포인트이고 50cm 이상의 열목어도 낚이기 때문에 멀어도 플라이어들이 잘 가는 곳 중의 하나다.

① 어종: 열목어.

② 시기: 봄, 가을.

③ 내비게이션 목표: 동점역(태백시) 육송정(경북 봉화군)

2) 안동호

4월 말~5월 초 도산 서원 앞 다리 부근에 여울이 형성되면 끄리를 낚을 수 있다. 다리를 건너가서 낚시하면 된다. 다리가 물에 잠겼을 때는 여울이 있는 상류로 가야 한다.

① 어종: 끄리

② 시기: 4월 말~5월 초

③ 내비게이션 목표: 도산서원(경북 안동시 도산면 도산서원길 15)

3) 그 외 : 낙동강과 그 지류들, 금호강, 밀양강 등

몇 가지 어종에 집중하다 보니 제한적으로 되었지만, 강의 상류와 수많은 지류는 모두 낚시터이다. 피라미, 꺽지, 메기, 퉁가리 등 좋은 낚시터들을 발굴하시기를 바란다.

잘 낚이는 곳 찾기

플라이 낚시는 강, 시냇물, 산간 계류 등에서 주로 하게 된다. 이런 곳에 물고기가 많이 있는 곳을 찾아 낚시해야 한다. 흐름을 좋아하는 물고기는 여울진 곳(RUN 지역)을, 고인물을 좋아하는 물고기는 소(POCKET)를 찾아 낚시하면 된다. 사전에 어종 정보를 알고 가는 것이 도움이 된다. 낚시 선배를 따라가서 배우는 것도 좋은 방법이다. 초보자를 위해 대표적인 소개하고자 한다.

위의 사진은 시냇물의 여울의 한 예이다. 이런 곳에서는 5~7월경 피라미가 잘 낚인다. 낚시하고 싶은 구간을 설정하여 상류에서 물흐름 방향과 30도 각도로 캐스팅하여 낚고, 낚이지 않으면 2m 정도 하류로 이동하여 같은 요령으로 낚시하면 된다. 캐스팅하여 흐름에 맡기면 되고 별도의 챔질은 안 해도 된다.

위 사진은 삼탄의 여울이다. 삼탄은 충주호 수위에 따라 여울이 형성되는 위치가 다른다. 이곳 여울에서는 7~8월에 강준치가 잘 낚인다. 물가에서 흐름과 30~45도 정도 되게 캐스팅하여 흐름에 맡기면 라인이 다 펴진 다음 입질이 온다. 6번 정도의 낚싯대가 좋다.

산간계곡의 작은 소이다. 이런 곳에서는 드라이나 님프, 플라이를 주로 사용한다. 물거품이 있는 곳에 캐스팅하여 흘리면 되고, 드라이 플라이는 드랙이 걸리지 않게 해야 하며 챔질이 빨라야 한다.

님프 플라이의 경우는 마커 채비로 수심 조절이 필요하며 역시 드랙이 걸리지 않게 해야 하고 마커의 흐름에 변화가 있으면 재빨리 챔질을 해야 한다.

마커 흐름의 변화 : 마커가 멈칫하던지, 까딱까딱하던지, 물속으로 끌려가던지 하는 것을 말하며 잘 관찰해야 한다.

두 곳 모두 산간 계류로 흐름이 다소 빠른 곳이다. 드라이 플라이, 웨트 플라이, 님프 플라이를 모두 사용할 수 있는 곳이다. 물거품 있는 쪽에 캐스팅하여 흘리면 되고 드라이의 경우는 빠른 챔질을, 님프는 마커 채비로 마커에 드랙이 걸리지 않게 하고 마커의 흐름에 변화가 있으면 빠르게 챈다.

계곡의 비교적 크고 깊은 소이다. 역시 드라이 플라이, 웨트 플라이, 님프 플라이를 사용하루 수 있다. 물고기가 라이즈할 때에는 드라이 플라이가 유리하며, 추울 때는 님프 플라이가 유리하다. 깊이 가라앉게 무게를 주어야 한다. 플라이 자체를 무겁게 타잉하는 경우와 별도의 무게추를 플라이로부터 20~30cm 정도의 위치에 달아주어도 좋다.

계곡의 흐름이다. 드라이, 웨트, 님프 플라이를 모두 사용할 수 있다.

플라이 낚시의 기법은 무궁무진하므로 낚시 선배들을 따라 다니며 기초를 배울 필요가 있다.

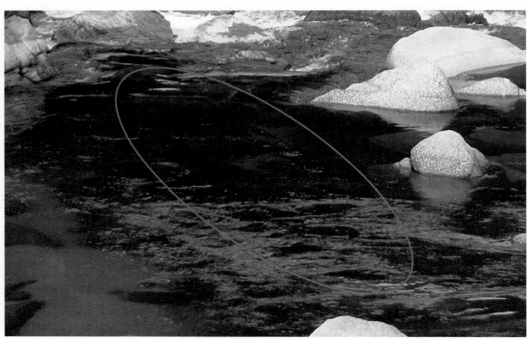

좋은 낚싯대

낚싯대를 평가할 때 가장 중요한 것은 휘는 모양과 탄성 및 탄성의 유지라고 할 수 있다. 라인을 걸어 캐스팅할 때에 낚싯대는 휘면서 힘을 축적(Loading)했다가 멈춘 후에 펴지면서(Unloading) 라인을 더욱 가속적으로 끌어 던지게 된다.

이때 낚싯대는 어떻게 휘는 것이 좋을까? 사진과 같이 활처럼 휘는 것이 좋다. 힘의 축적을 낚싯대 전체로 많이 할 수 있기 때문이다. 이것을 캐스팅 거리를 늘이는데 도움을 준다. 멈춘 후에 휘어졌던 낚싯대가 펴지게 되는데 이때는 낚싯대의 탄력성이 중요한 요소가 된다. 빠른 속도로 복원되어야 하기 때문이다.

그리고 낚싯대의 사용 횟수가 늘어나도 탄성은 변함없이 유지되어야 한다(엄밀히 말하면 초기에 약간 줄어 안정을 유지하고 이 기간이 충분히 길어야 한다). 그 외에 어느 부분의 곡률이 갑자기 달라진다든지, 이상 진동이 느껴진다든지, 낚싯대 전반적으로 고르게 휘지 못하고 일부분만 휜다든지 하는 현상이 없어야 한다. 무게는 가볍게 느껴지는 낚싯대가 좋다.

릴 시트는 견고해야 하며, 라인 가이더도 마모가 적고 매끈함을 오래 유지하는 것이 좋다. 파괴 강도 한계는 높은 것이 좋다(U자로 휘어도 파손되지 않는 정도).

또 페룰 부분은 견고하고 연결했을 때 흔들림이 없어야 한다. 외관은 마무리가 잘 되어 있어야 한다.

최대 부하시의 낚시대의 휨

자기에게 맞는 낚싯대 선택

각자에게 맞는 낚싯대는 어떻게 선택할 것인가? 이 문제는 그리 단순하지만은 않다. 여기서는 일반적인 사항에 대하여 설명한다.

먼저 체력과 힘, 캐스팅 속도 등이 고려되어야 한다. 이와 관련하여 낚싯대는 FAST, MEDIUM, SLOW의 세 가지로 특성을 구분하고 있다. 힘이 좋고, 캐스팅 속도가 빠른 사람은 FAST로 분류된 낚싯대를 사용하는 게 좋고, 그보다 속도가 느린 사람은 MEDIUM을, 그보다 더 느린 사람은 SLOW를 사용하는 것이 바람직하다. 입문 시에는 각자 정확히 구분하는 것이 어렵다. 그래서 체력과 힘을 보고 대략 정할 수밖에 없을 것이다.

결국 이 문제는 캐스팅이 어느 정도 숙달된 뒤에 각자의 최대 부하 시의 휨을 보고 결정하는 것이 정확할 것이다. 각자의 최대 캐스팅 스피드, 최대 로딩(LOADING)시 앞의 사진 정도로 휘는 낚싯대를 택하면 좋을 것이다. 이때의 라인 길이는 대략 20m 전후일 것이다. 낚싯대는 각자의 캐스팅 스피드에 맞는 것을 사용하는 것이 캐스팅하기 편하고 맞지 않는 것을 사용할 때보다 거리도 더 나오게 된다. 자신에게 막대기 같이 느껴지는 낚싯대는 피하는 것이 좋다.

우리나라에서 필요한 기본 낚싯대(3종)

순서	낚싯대 번호	설명
첫번째	6번	캐스팅 연습에 도움이 되고 강에서 낚시할 때 사용한다.
두번째	3번	계곡과 시냇물 등에서 두루두루 사용할 수 있다.
세번째	1번 또는 2번	7피트 정도 피라미, 갈겨니 등 작은 물고기를 낚을 때 사용한다. 손맛이 아주 좋다.

캐스팅 분석

플라이 캐스팅을 할 때 포워드 캐스팅보다 백 캐스팅이 잘 안되는 경우가 다반사이다. 캐스팅이 잘 되려면 백 캐스팅이 잘 돼야 한다. 그래서 여기서는 백 캐스팅에 대하여 분석해 보기로 한다. 우선 낚싯대를 쥔 손의 궤적에 따른 라인 루프의 모양이 어떻게 변하는지와 캐스팅에 미치는 영향을 살펴보겠다.

1. 손의 궤적

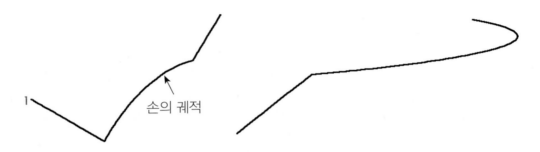

1

손의 궤적

〈그림 1〉의 경우(바른 궤적)

베이직(Basic) 캐스팅을 할 때의 손의 궤적으로 손목은 사용하지 않았으며 손목이 상승하다가 멈춘 것으로 이때 라인은 약간의 기울기를 가지며 뒤로 펴진다. 입문자의 경우는 이렇게 연습하는 것이 좋다.

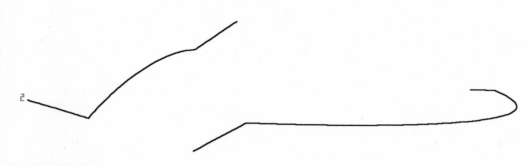

〈그림 2〉의 경우(바른 궤적)

멀리 던지기 위하여 캐스팅 스트로크를 크게 한 경우의 손의 궤적으로 손목은 사용하지 않았으며, 손이 상승하다가 멈춘 것이다. 라인은 수평에 가까운 상태로 힘차게 멀리 뻗어 나아가게 된다. 더블홀할 때에도 이런 스트로크로 한다.

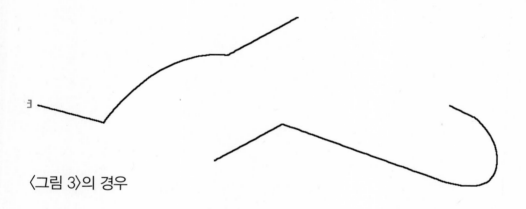

〈그림 3〉의 경우

〈그림 2〉처럼 스트로크를 크게 한 경우이지만 스트로크의 끝부분이 상승하지 않고 수평 방향으로 이동하다가 멈춘 상태이다.

이런 경우는 라인이 아래쪽으로 처지면서 날아가게 되고 거리는 손해를 보게 된다. 스트로크의 끝에서 손목이 약간 뒤로 젖혀지거나 팔의 움직임이 스트로크 끝부분에서 팔꿈치를 중심으로 원운동을 하기 때문이다.

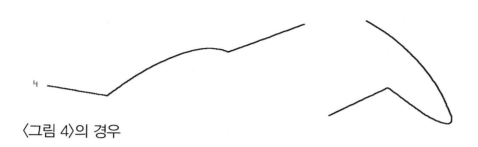

〈그림 4〉의 경우

스트로크를 크게 한 경우로 손의 궤적이 스트로크의 끝부분에서 아래로 휘어진 경우이다. 라인은 원을 그리게 되며 라인 루프는 땅을 향하게 되고 펼쳐지지 못하게 된다. 따라서 포워드 캐스팅도 되지 않게 된다. 스트로크 끝부분에서 손목이 과다하게 뒤로 젖혀지고 낚싯대가 수평 가까이에서 멈추어진 경우이다. 최악의 경우라고 할 수 있다.

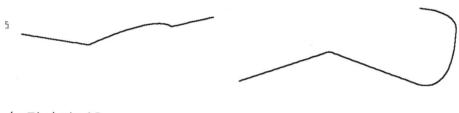

〈그림 5〉의 경우

손의 궤적이 상승하다가 스트로크 후반부 어느 시점부터 팔꿈치를 중심으로 원운동을 함으로써 손의 궤적이 둥글어지면서 아래로 처지게 된 경우로서 라인은 큰 주머니 형태로 아래로 처지며 거리가 많이 줄게 되고 긴 라인은 다룰 수가 없게 된다.

〈그림 6〉의 경우

　베이직 캐스팅할 때의 스트로크이지만 멈춤 직전의 손목이 과다하게 뒤로 젖혀진 경우로 낚싯대는 그의 수평에 가까운 위치에서 멈추게 되고 라인은 원을 그리며 루프는 땅을 향하게 되고 라인은 펼쳐지지 못하게 된다. 이런 경우를 최악의 상태라 하겠다.

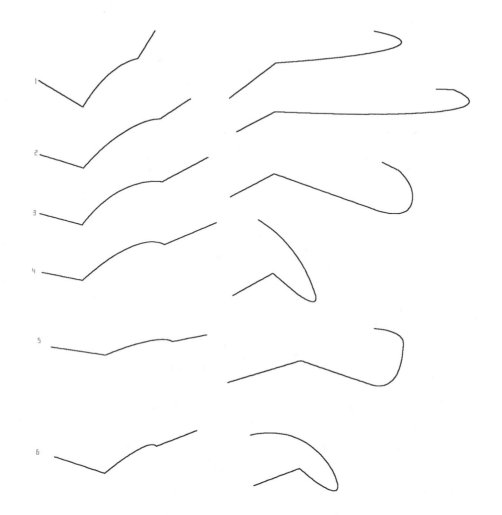

2. 스프링 백 현상

캐스팅할 때 낚싯대를 멈춘 순간에는 낚싯대는 진행 방향과 반대쪽으로 휘어진 상태이고 멈춘 이후 낚싯대는 펴지게 되지만, 관성에 의해 직선으로 펴진 상태를 지나 반대쪽으로 휘어지게 되고 낚싯대의 탄성에 의해 그림과 같이 직선 쪽으로 되돌아오게 된다. 이런 현상이 스프링백이다. 스프링백 현상을 완전히 없애기는 어려운 일이지만 너무 심하면 이 또한 거리의 손실을 주게 된다. 반대쪽으로 휘어진 낚싯대의 끝이 수평을 향하게 하면 좋은 상태라 할 수 있다. 땅을 향하는 것은 좋지 않다.

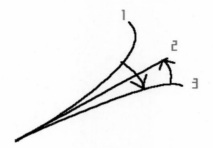

백 캐스팅에서의 스프링백 현상과 라인 루프

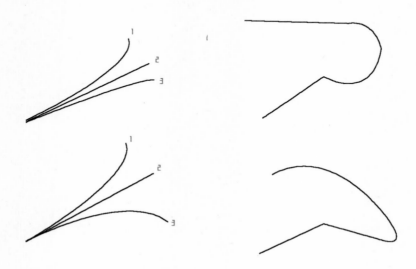

포워드 캐스팅에서의 스프링 백 현상과 라인 루프

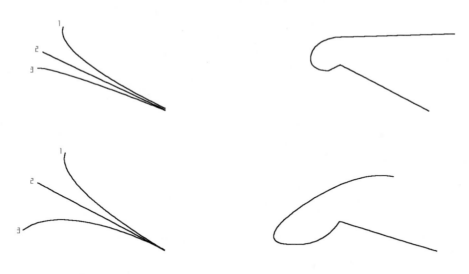

3. 넓은 루프와 좁은 루프의 손의 궤적

그림의 손의 궤적 1은 넓은 루프를 형성하며 2는 좁은 루프를 만들게 된다.

나의 플라이 낚시 입문기

뇌경색에 심장 수술까지 겪고 나니 심신에 대한 충격이 꽤나 컸던가 보다. 하던 일을 모두 내려놓았다. 시간은 많아졌고 100m 걷기가 어려웠던 몸도 어느 정도 회복이 되었으나 기분은 썩 좋지가 않았다. 놀고먹으니 무위도식하는 것 같고 하는 일 없으니 퇴보하는 것 같았다.

이제는 은퇴하기에도 충분한 나이라고들 하지만 나는 아닌 것 같았다. 무엇을 하면서 보낼까? 간단한 일을 시도해 보았으나 깜짝 놀라고 말았다. 머리 회전이 잘 안되고, 계산도 느려지고, 건망증이 심해졌으며 글쓰기도 시원찮았다. 그래서 일할 생각을 접었다. 재숙련이 필요하다고 느꼈다.

우선 일기를 쓰기로 했다. 또 우연히 알게 된 플라이 낚시를 하기로 하고 집에서 가장 가까이 있는 플라이샵을 찾아가서 입문하고자 한다고 했더니 어디서 어떤 낚시를 하고 싶으냐고 물었다. 그래서 산골짜기 맑은 물에서 하고 싶다고 했더니 챙겨준 장비가 7" 6" 길이의 3번 낚싯대와 3번 라인, 티펫 라인 플라이 몇 종, 부력재 등이었다.

가게 앞 풀밭에서 처음으로 캐스팅이라는 것을 해 보고 출조 때 처음으로 따라 간 곳이 진동계곡이었다. 캐스팅이 제대로 된 것인지도 모르고 후드륵해서 줄을 당겨 보니 한뼘 정도의 점박이가 달려 나왔다. 얼떨결에 낚인 것이다. 이날의 조과는 잔챙이 3마리였다. 그후 낚시인들을 따라 남천으로 가서 산천어 2마리를 낚았다. 15cm 정도인데 색이 그렇게 고울 수가 없었다. 공주 금강 백제큰다리 아래에서는 낚시인들의 후한 인심 덕분에 40cm 전후의 눈불개라는 물고기를 9마리나 낚았다. 손맛이 보통이 아니었다. 플라이 낚시의 진미를 맛본 것이다. 이후는 캐스팅 연습을 하였고 성의 있는 지도 덕분에 처음으로 라인이 힘차게 펼쳐지는 경험을 하게 되었다.

'플라이 낚시는 쉬운 거로구나.'라는 생각이 들었다. 저수지 송어 낚시를 하러 갔다. 그런데 이게 웬일인가? 라인이 날아가지 않았다. 이날의 조과는 0마리였다. 이때부터 맹연습에 들어갔고, VIDEO, CD, 책 등을 보기 시작했다. 라인이 예쁘게 펼쳐지는 캐스팅과 정교한 캐스팅을 하기 위해서는 이치를 알고 많은 연습이 필요하다는 것을 알게 되었다.

낚시를 가지 않는 날은 거의 매일 한강 둔치 풀밭에 가서 캐스팅 연습을 했고, 캐스팅 일기를 쓰기 시작했다. 그러던 중 우리나라에는 플라이 캐스팅에 관한 책이 없음을 알게 되었고, 입문 시절 헤매던 일을 생각하고 책을 쓰려고 마음을 먹고 2년여 준비를 하여 이 책을 내게 되었다. 가장 어려웠던 일은 현장에 가서 사진촬영을 하는 것이었다.

찾아보기

참고자료

책

Fly—Casting Handbook, L. L. Bean, THE LYONS PRESS, 146면, 2007

Video

The essence of Fly casting, Mel Krieger, Sonoma video Dudkowski—Lynch Assoc, ink, 1시간, 1984.

DVD

Dynamics of Fly Casting, Joan Wulff's

저자 약력

문 강 순

1942년 출생
연세대학교 이공대학 전자공학과 졸업
전자산업에 47년간 종사
낚시 경력 32년(플라이 낚시 11년)
e-Mail ksmoon42@naver.com
Blog blog.naver.com/ksmoon42

신 준 식

1960년 출생
서울대학교 미술대학 졸업
화가, 프리랜서 일러스트레이터
클럽워터맨 브랜드 개발, 뱀브로드 해외 수출
새로나 낚시(플라이샵) 운영
2011년 12월 작고

 증보개정판 **플라이 낚시**

2018년 10월 15일 초판 인쇄
2018년 10월 25일 초판 발행

지은이   문강순·신준식
펴낸이   한 신 규
편 집   이 은 영
표 지   이 미 옥
펴낸곳   **문현** 출판
주 소   서울특별시 송파구 동남로11길 19(가락동)
연락처   Tel. 02-443-0211, Fax. 02-443-0212
E-mail   mun2009@naver.com
등 록   2009년 2월 24일(제2009-14호)

ISBN   979-11-87505-21-1 03690   정가 20,000원